保育者養成シリーズ

# 保育の心理学 Ⅱ

林 邦雄・谷田貝公昭 [監修]
西方 毅・谷口明子 [編著]

## 監修者のことば

　周知のとおり、幼児期の保育の場はわが国では幼稚園と保育所に二分されている。幼稚園は文部科学省の管轄の下にある教育の場であるのに対し、保育所は教育を主体とする場ではなく、福祉の側面を備えた厚生労働省の下に位置づけられている。しかしながら、保育所は遊びを通して情操を育むなど、教育的な側面をも包含していることは言うまでもない。

　このような事情から、従前より、幼稚園と保育所のいわゆる「幼・保一元化」が求められてきた。この動きは、社会環境の変貌とともにしだいに活発となり、保育に欠ける幼児も欠けない幼児も共に入園できる「認定こども園」制度として実現した。すなわち、平成18年に成立した「就学前の子どもに関する教育・保育等の総合的な提供の推進に関する法律」（「認定こども園設置法」）がそれである。

　今後、「総合こども園」（仮称）創設に向け、平成25年度より段階的に導入し、平成27年度からの本格実施を目指すことになっているが、こうした中で保育者は保育士資格と幼稚園免許の2つを取得するという選択肢が広がる可能性が高まっている。その理由は、総合こども園は、幼稚園機能、保育所機能、子育て支援機能（相談などが提供できる）を併せ持った施設で、既存の幼稚園と保育所を基本としているからである。

　監修者は長年、保育者養成に関わってきたものであるが、「保育学」「教育学」は、ある意味において「保育者論」「教師論」であると言えるであろう。それは、保育・教育を論ずるとき、どうしても保育・教育を行う人、すなわち保育者・教師を論じないわけにはいかないからである。

よって、「保育も教育も人なり」の観を深くかつ強くしている。換言すれば、幼児保育の成否は、保育者の優れた資質能力に負うところが大きいということである。特に、幼児に接する保育者は幼児の心の分かる存在でなければならない。

　この保育者養成シリーズは、幼児の心の分かる人材（保育者）の育成を強く願って企画されたものである。コミュニケーションのままならぬ幼児に接する保育者は、彼らの心の深層を読み取れる鋭敏さが必要である。本シリーズが、そのことの実現に向かって少しでも貢献できれば幸いである。多くの保育者養成校でテキストとして、保育現場の諸氏にとっては研修と教養の一助として使用されることを願っている。

　本シリーズの執筆者は多方面にわたっているが、それぞれ研究専門領域の立場から最新の研究資料を駆使して執筆している。複数の共同執筆によるため論旨や文体の調整に不都合があることは否めない。多くの方々からのご批判ご叱正を期待している。

　最後に、監修者の意図を快くくんで、本シリーズ刊行に全面的に協力していただいた一藝社・菊池公男社長に深く感謝する次第である。

平成24年3月吉日

監修者　林　　邦雄
　　　　谷田貝公昭

## まえがき

　教育心理学は、発達の過程における教育の役割に焦点を当てた学問分野であり、知的能力の発達や人格の形成の過程などと教育の関係を分析し、教育の効果を高めようとするものである。

　従来の教育心理学では、基礎心理学が明らかにした諸理論を教育に応用し、成長、発達、学習、人格、評価、学級など諸分野に分けて解説するのが一般的であった。また、その対象は乳幼児期、児童期、青年期であるが、児童期、青年期前期が主であり、幼児、青年期後期（大学生）などを対象とするものは少なかった。

　今回の保育士養成課程の改正では、教育心理学を発達心理学と関連させ、より総合的に子どもの発達に合った教育支援を目指すことになった。その結果、従来の発達心理学と教育心理学を統合して「保育の心理学」とし、そのⅠで発達の基礎的な様相を述べ、そのⅡで教育との関連から実践的な支援を行うことになったものである。そのために、保育の心理学Ⅰは「講義」、保育の心理学Ⅱは「演習」という区分になっている。演習であるから、教員の話を一方的に聞くのではなく、自ら考え、発表し、議論し、教育における心理学の応用について深く理解することが要求される。本書はこのような視点から各章が構成されている。

　もくじを見ていただければ明らかなように、過去の「教育心理学」との違い、変化がはっきり分かるであろう。従来の「発達、学習、人格、評価」などの区分分けではなく、実践的なテーマの下に内容が構成されており、各章共に、具体的事例を基に検討するようになっている。

　このように、今回の改正は幼児教育における教育心理学について新し

い一つの方向性を示すものとなっている。従来、「教育心理学」は机上の空論であり、教育実践の場に役立たない研究者の自己満足であるなど、あまりかんばしくない評価をいただくこともあったが、今回の方向性はそのような批判に対して回答を試みたものであると言えよう。

　もちろん、今回示された方向性が教育心理学のあるべき姿というわけではない。今後も教育心理学は教育実践に携わる方々に、より効果的な教育に関する知見を提供すべく、さまざまな形で研究が続けられなければならない。ともあれ、今回、それに向かっての第一歩が方向づけられたことは意義あることであり、本書がそれを実践に移すための役割を果たすことができれば、編者として望外の喜びである。


平成24年3月

編著者　西方　　毅<br>谷口　明子

保育の心理学Ⅱ ● もくじ

監修者のことば……2
まえがき……4

## 第1章 発達と子どもを取り巻く環境……9
第1節 発達における遺伝と環境の影響
第2節 生涯発達における幼児期の特色
第3節 子どもを取り巻く諸環境
第4節 子どもを取り巻く現代社会の特性

## 第2章 発達の個人差……23
第1節 個人差
第2節 発達の個人差を考慮した保育
第3節 問題行動の個人差と保育

## 第3章 身体・運動と情緒の発達……37
第1節 身体・運動発達の様相
第2節 身体・運動発達における問題
第3節 情緒発達の様相
第4節 情緒発達における問題

## 第4章 人的環境をめぐる問題……49
第1節 子どもを取り巻く人々
第2節 保育者の役割と影響
第3節 保育者を取り巻く環境の問題
第4節 保育者自身が抱える問題

## 第5章 子ども相互の関わり方の発達……63
第1節 仲間関係の中で育まれるもの
第2節 乳幼児期の社会的スキル
第3節 仲間関係のつまずきに対する指導

## 第6章 自己意識の発達…… 75
第1節 自己意識の芽生え
第2節 自己意識の発達と他者との関係
第3節 日本社会における自己表現の特性

## 第7章 子ども集団の特性と社会性の発達…… 89
第1節 乳幼児期における子ども集団の特性
第2節 子ども集団の持つ発達的意義
第3節 社会性の発達に関する問題

## 第8章 子どもの生活・学びと地域社会…… 101
第1節 子どもを取り巻く環境の変化
第2節 環境の変化が及ぼした影響
第3節 子どもを育てる地域社会：実践事例

## 第9章 遊びを通しての学びと発達…… 113
第1節 自発的な遊びに基づいた保育
第2節 遊びと発達
第3節 現代の子どもの遊びをめぐる問題

## 第10章 生涯発達と生きる力の養成…… 125
第1節 生涯発達の基礎となる幼児期
第2節 家庭の問題と発達への影響力
第3節 「生きる力」を育む学校教育の役割

## 第11章 基本的生活習慣の獲得…… 137
第1節 基本的生活習慣とは
第2節 基本的生活習慣の文化的・心理的意義
第3節 現代の子どもの生活習慣
第4節 生活習慣形成への親・保育者の関わり

## 第12章 主体性、自主性の形成……149
第1節　主体性と社会性の関わり
第2節　主体性の形成過程
第3節　主体性形成における問題

## 第13章 発達課題の達成をめぐる問題……161
第1節　発達課題とは何か
第2節　発達課題の達成の条件
第3節　知的発達の問題

## 第14章 発達の連続性をめぐる問題……173
第1節　子どもの発達をめぐる今日的課題
第2節　保幼小の連携・接続の必要性
第3節　さまざまな発達論の視点
第4節　主導的活動論と保幼小連携

## 第15章 保育上の問題と支援・援助……187
第1節　幼児期の特性と子どもに現れる問題
第2節　障害のある子どもの支援
第3節　保育の場における援助


監修者・編著者紹介……201
執筆者紹介……202

# 第1章

# 発達と子どもを取り巻く環境

西方　毅

# 第1節　発達における遺伝と環境の影響

　新生児の体重はおよそ3000gである。それが18歳になる頃には、その20倍前後にまで増加する。体重だけではない。身長も運動能力も、そして知的な能力もわずか20年間で大きな変化を遂げるのである。

　大人が気がつかないうちに、子どもは変化していく。発達の過程については、しだいに詳しく分かってきている（詳細は本シリーズ『保育の心理学Ⅰ』参照）。このような知見を保育・教育の実践にどう生かすか。そして、よりよい子どもの発達のために保育はどのように関わったらよいのか。最初に、子どもの発達ということについて確認しておこう。

　発達という言葉は、認知や身体の機能・構造が一定の方向に変化していくことを指す。似た言葉に「成長」があるが、こちらは完成した状態に至る過程である。発達がいわゆる「老化」も含むのに対して、成長は「完成した姿」を目指す変化という点で異なる。発達は一生続く過程であるが、成長は生まれてから成人に至る過程ということになる。

　この発達の過程に影響を与えるものとして、生まれ持った特性すなわち遺伝と、その子どもに働きかける外部環境という2つの要因があるが、それらの影響力について、ここでごく簡単に触れておきたい。

## 1．遺伝の影響

　遺伝、すなわち親の特徴が子どもに引き継がれることは想像に難くない。血液型一つとっても、そのことは明白である。このことは精神の面でも同様であり、家系研究や双生児法による研究などで確認されている。

　遺伝においては、親の性質がそっくり子どもに受け継がれるようなイメージがあるが、遺伝のしくみ、遺伝を担う遺伝子の働きは、そう簡単ではない。**図表1**に見られるように、親から子どもに伝えられる染色体

図表1　染色体の分配

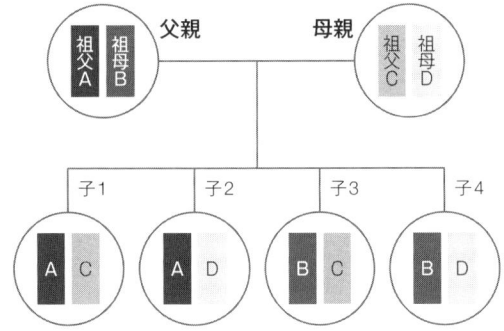

（筆者作成）

（遺伝子が折りたたまれたもの）1組でさえ、4通りの組み合わせがある。さらに、人間は、23対の染色体を持つので、子どもが受け継ぐ染色体の組み合わせは理論上約70兆通りにもなる。つまり、それだけ多様な染色体（遺伝子）の組み合わせができるわけだから、父親ないし母親のどちらかとそっくりの特徴を持つ子どもが生まれることはないのである。

しかし、双生児法などで明らかにされているように、遺伝子が同一である一卵性双生児では、知能や身体能力などは極めて似ていることから、遺伝子（というよりも、持って生まれた染色体の組み合わせ）が、発達において極めて大きな影響を及ぼすことは間違いない。

## 2. 環境の影響

一方、子どもの発達における環境の影響についても数多くの研究がなされ、その影響の大きさが指摘されている。行動主義理論の中心人物であったワトソン（J. B. Watson, 1878～1958）の「恐怖情動の条件付け実験」以来、「経験により子どもは数多くのことを身につけていく」ということが実証されている。また、バンデューラ（A. Bandura, 1925～）のモデリング（社会的学習）理論では、子どもは社会的行動を他者の行動の観察によって学習するとしている。

これらの研究結果に限らず、我々の経験もまた、「氏より育ち」とい

### 図表2　ルクセンブルガーの図式

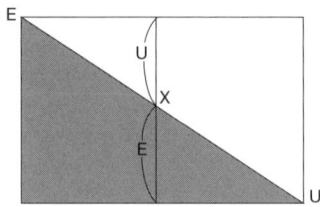

E：遺伝要因　U：環境要因　X：ある形質の位置
出典：[新井、1997] p.26を基に作成

われるように、環境がその子の発達に影響することを予想させる。日本に育てば日本人らしい考え方・行動の仕方が身につくであろうし、米国で育てば米国人らしい考え方・行動をするようになる。以上から、環境が子どもの発達に大きく影響を与えることは明らかであると言えよう。

## 3. 遺伝と環境の相互作用

では、子どもの発達においては、遺伝と環境がどのように影響するのであろうか。これについては、古くは**図表2**に示されるように、特性により遺伝と環境の影響が異なるが、それぞれが加算的に影響するという考え方が提出されていた。とはいえ、どのような特性のどの部分が遺伝の影響なのか、環境の影響なのか、また、遺伝と環境がどのように具体的に発達に影響するかについては明確には分かっていなかった。

ところが、最近の神経心理学などの発展によって、ようやく明確な説明ができるようになった。**図表3**は、カスピらによって成された研究で、遺伝情報が環境によってどのように発現が変化するかを示したものである。2002年に、脳の中でMAOA（Mono Amin Oxidase A）と呼ばれる酵素が、攻撃性に関わっていることが見いだされた。この酵素の活性が高い場合には、幼い頃虐待を受けても、成長後、特に乱暴になるということはない。しかし、このMAOAの活性が低い子どもが虐待を受けた場合には、成長後に攻撃的な性格になるのである。

興味深いのは、MAOAの活性が低い子（乱暴な傾向を持ちやすい子）

**図表3　反社会性行動に及ぼすMAOA遺伝子と虐待経験との交互作用**

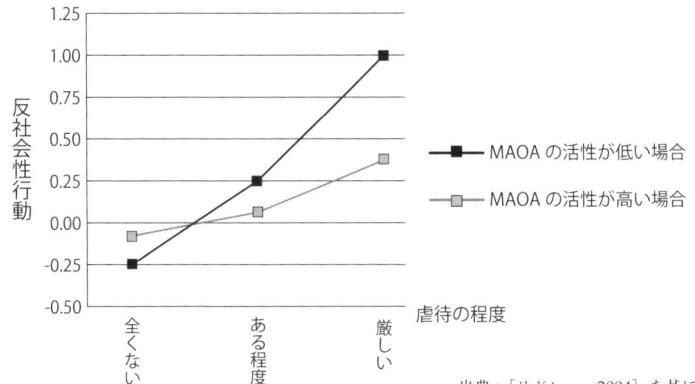

出典：[リドレー、2004]を基に作成

の場合でも、幼い頃に親から温かく育てられれば、成長後に攻撃的にならないことである。つまり、遺伝子上の特徴が発現するかどうかは環境によって異なるのである。一方、遺伝的に攻撃的な特性を持たない子（MAOAの活性の高い子）は、環境がどうであっても、言い換えれば虐待を受けても受けなくても、攻撃的にはならないのである。

　以上のことから、発達において環境が影響を与えるかどうかは、遺伝子がその特性を持つかどうかによって決まるということになる。このことは、教育的には極めて重要な意味を持つ。遺伝的な特性がない場合には、どのような環境を与えても効果は限定的であるということを意味するからである。ただし、まだこの点については完全に解明されたわけではないので、教育の効果について論じるには時期尚早であろう。

## 第2節　生涯発達における幼児期の特色

　人が生まれてから死ぬまでの変化を発達の連続と捉え「生涯発達」と呼ぶ。生涯発達において、乳児期、幼児期は極めて特別な位置にある。

家を建てることにたとえると、いわば土台を作る時期であり、この土台がどう形成されるかにより、その後の家の形や働きが変わってくる。生涯発達においても同様であり、乳児期、幼児期にどのように発達したかが、その人の一生を左右すると言えよう。そのような重要な乳児期、幼児期のイベントとしては、次のようなものがある。

## 1. 初期発達

　ローレンツ（K. Z. Lorenz, 1903 ～ 1989）の研究によってよく知られるインプリンティングという現象は、発達初期の経験が生涯にわたって影響することを明らかにした。人間にはインプリンティングのような現象はないとされるが、初期発達における経験はその後の発達に大きな影響を与える。例えば、生まれて間もない子猫の片目を遮蔽すると、脳の神経細胞の成熟が阻害されることにより、その子猫は一生、片目の視力が落ちることが分かっている。この現象は、その後サルや人間の幼児でも確認されており、初期発達における経験の重要性を示すものである。つまり、乳幼児期に知的・身体的な機能を十分に発達させるためには、必要とされる経験を十分にさせることが大切なのである。

　日本においては通常、一般的な環境で育てる限り、必要とされる経験は十分であると考えられ、発達上大きな問題をもたらすことは少ない。しかし、両親による養育放棄や虐待といった最近の事件は、子どもの発達に大きな影響を及ぼす可能性があり、極めて憂慮される事態である。

## 2. 愛着と基本的信頼感

　ハーロウ（H. F. Harlow, 1905 ～ 1981）のアカゲザルの実験や、ボゥルビィ（J. Bowlby, 1907 ～ 1990）が提唱した愛着の理論は、乳幼児期の母子関係がその後の発達に大きな影響を与えることを明らかにした。またエリクソン（E. Erikson, 1902 ～ 1994）は、人生の8つの発達課題の最も基本となるものとして、愛着に基づく基本的信頼感の獲得を挙げている。

我々の体験による直感的な理解においても、愛着形成は幼児期の発達の重要な課題であることが想像できる。愛着形成が十分でない場合、あるいは基本的信頼感が獲得されていない場合、子どもの心は不安定になり社会へ出て行こうとする欲求が弱くなるであろう。それがひいては、引きこもりや思春期の自傷行動となって現れる危険性がある。

　また、この時期に十分な愛着が形成されなかった場合、成長後にそれを取り戻すことは困難であり、さらに、その後の発達課題の達成にも好ましくない影響を与えるとされる。事実、引きこもりや自傷の若者のカウンセリングをしていると、ときどき幼児期の愛着形成の不全が問題の根源となっているとしか考えられないケースに出会う。

　以上、初期発達の様相を見てきたが、その重要性はこれだけにとどまらず、さまざまな分野でも言われている。初期発達が人生のあらゆる面に大きな影響を与えるからには、この時期の養育・保育については最大限の適切な対応・環境整備が必要なのである。

## 第3節　子どもを取り巻く諸環境

　発達に環境が影響を与えることはすでに見てきたが、その環境とはどういうものだろうか。ここでは自然環境や物質的な環境ではなく、人間の関係を主とした環境に焦点を当てて考えてみることにする。

### 1. 家庭

　子どもたちを取り巻く環境で最も大きな影響を与えるのは家庭環境である。幼稚園に通う子どもの場合、一日の6時間を幼稚園で過ごすのみで、残りの18時間は家庭で保護者といっしょに過ごす。保育所に在籍している子どもであっても、最も長く過ごすのは家庭である。

家庭は子どもにとって危険から守ってくれる場所であり、親のしつけを通して社会化するための訓練の場であり、親子の交流を楽しむ安らぎの場である。この環境が十分に機能すると、子どもは順調に成長していく。しかし、この環境が両親の性格、病気や離婚、経済的な困難などで十分に機能しないときには、子どもの発達は妨げられることになる。近年増加している家庭崩壊や虐待などは、子どもの発達に及ぼす影響という意味でも極めて深刻な問題である。

## 2. 幼稚園・保育所

　子どもたちにとって家庭の次に重要な生活の場は、幼稚園や保育所であろう。ここは家族以外の人間関係を体験する場である。家庭における親子関係、兄弟関係と異なり、先生との関係は社会で経験する初めての縦の関係であり、同じクラスの子どもたちとの関係は社会の中で経験する初めての横の関係である。

　家庭における人間関係には共通の遺伝子を持つという生理的に強い結びつきがあり、それに基づく強い心理的な結びつきがあるが、幼稚園・保育所における人間関係にはそれがない。また、家庭での人間関係は、ルールよりも情愛による結びつきが強いのに対して、幼稚園・保育所における人間関係は、基本的には「決まり」という形で結びつけられている点も異なる。したがって子どもは、幼稚園・保育所ではそこのルールに従わなければならず、家庭のようなわがままが通じない。そういう生活の中で、社会への適応の仕方を学んでいくのである。

## 3. 地域社会

　子どもたちの生活の場は、家庭や幼稚園・保育所だけではない。家の近所の人々や子どもの生活に関わる職業人（郵便屋さん、お巡りさん、お店屋さんなど）もいる。これらをひっくるめて地域社会と呼ぶことにするが、これらの地域社会も子どもを取り巻く重要な環境と言える。

このような地域社会は、子どもを守る役割や子どもを教育する役割も持っている。子どもが犯罪に巻き込まれないように見守り、危険な遊びをしていれば注意するなど、子どもの安全を守る機能も持っている。

　以前は、地域社会は子どもの生活の場であった。子どもたちは、空き地や他の子の家に集まり遊んでいた。ままごとや鬼ごっこなどを通して年齢の異なる子どもたちとの関わりもあり、さまざまなことをそこで学んだ。年長者は年少者の世話をし、年少者は年長者の言うことを聞くなど、社会で必要とする態度や技能を地域で学んだのである。

　このような地域社会の子どもを保護する機能、子どもたちが多様な経験を通して学ぶ教育機能などは現代では薄れており、地域社会の環境としての影響は弱まりつつあると言えよう。

## 第4節　子どもを取り巻く現代社会の特性

　子どもたちを取り巻く社会は、20世紀後半の50年で著しい変貌を遂げた。経済の発展に伴い家庭も社会も豊かになり、物があふれるようになった。同時に、大都市への人口集中が生じ、子どもを取り巻く環境を大きく変えた。それらについて前節で取り上げた3つの環境の変化と問題を見てみよう。

### 1. 家庭

　大都会の出現により核家族化が進み、家庭内の成員の数は減少しつつある。50年前ならば祖父・祖母と同居する子どもが多く、「おじいちゃん」「おばあちゃん」は身近な存在であった。漫画サザエさんの家庭のように、おじさん・おばさんに当たる人と同居することもよくあった。

　このような家庭は、子どもにとっての福祉（子どもの幸せを守る）機

能や教育（子どもにさまざまなことを教える）機能が豊かにあると思われる。母親に叱られた子どもが祖母に慰められるなど、家族どうしで支え合うことができた。また、子どものしつけに祖父・祖母も加わったり、昔の遊びを教えてもらうなど、文化の伝承もあった。

現代の主流である親子だけの家庭（**図表4**）では、こういった機能は失われている。父親が遅いために、家族そろって食事することも少なくなっている。極端な場合、両親ともに仕事を持っていて帰宅が遅いために、子どもたちだけで作り置きの食事をする家庭もある。最近では「孤食」という言葉さえ出現している。

このような家庭では、子どもの幸せを守る福祉機能は低下している。また、両親と過ごす時間が少ないために、両親からの価値観や知識が伝達される教育機能も低下している。郊外に住んで通勤する家庭では父親の帰りが遅いために、家庭の機能のほとんどを母親が担当することも多い。一人で育児をしなければならないために、子どもの問題行動の悩みが解決できず、精神的に不安定になったり子どもへの虐待が発生したり

**図表4　世帯構成の推移**

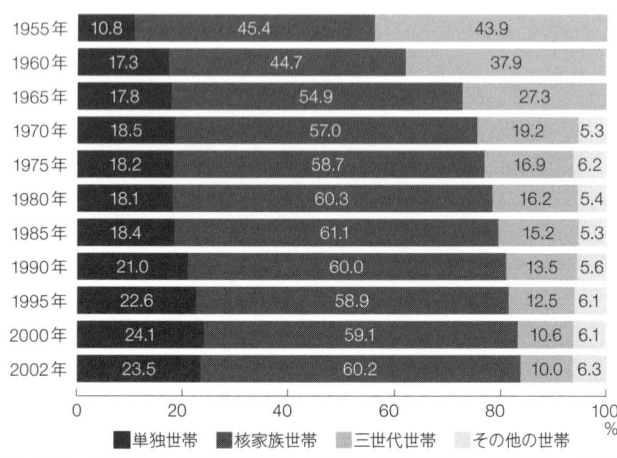

（注）1955、1960、1965年の三世代世帯には「片親と未婚の子のみの世帯」と「その他の世帯」とを含む。

出典：厚生労働省大臣官房統計情報部「国民生活基礎調査」を基に作成

することもある。このように現代の家庭は、半世紀前よりもさまざまな点で問題を抱えるようになっている。

## 2．幼稚園・保育所

　現在では、ほとんどの幼児が幼稚園・保育所に通う。また、先に述べたように家庭の福祉・教育機能が低下しているために、幼稚園・保育所の役割は大きくなっている。すなわち、家庭で十分満たせない子どもの人間関係（親子、兄弟関係）を補う役割、家庭で十分果たせない保護的機能、教育的機能を補う役割が大きくなっているのである。

　一方、少子化が進んだ結果、幼稚園は、経営上必要な数の子どもが集まらないことも多い。そのために、本来ならば子どもの精神の健全発達のための保護・教育（守り、しつける）を担当する場であるのだが、それから離れ、文字を教えたり算数を教えたりするものも見られる。また保育所も、本来保育に欠ける子のための施設であるのだが、保護者の要望に添う形で教育的指導を強調するところも出ている。そのような変化は、家庭での保育の不足を補うという点では疑問があると言えよう。

## 3．地域社会

　すでに述べたように、現代社会は物質が豊かであり、都市化が進んだために、人々は近隣とのつながりを失っている。新興住宅地が増え、新築のマンションが増え、人々は全く異なる場所からそこに移り住んでくる。そこには、地域に長く住むことにより生じる人間関係は存在しない。また、近隣との交流がなくても特に困ることはない。

　こういったことから、都市部では近隣との関係を作ることができず、地域は孤立した家庭の集合となってしまった。それでも、子どもがいる場合は同じクラスの子どもたちの親が連絡し合い、地域でのつながりができないことはない。しかし、昔は普通であったような「向こう三軒両隣」などといった近しい関係を持つことは難しい（**図表5**）。

**図表5　近所づきあいの程度の推移**

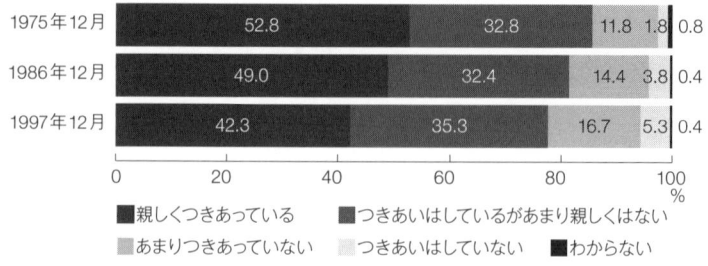

出典：内閣府「社会意識に関する世論調査」を基に作成

　このことは、子どもの発達には好ましいことではない。地域という環境は、子どもの保護・健全育成という役割を持つことが望まれるのだが、親が地域社会とつながりを持たなければ、子どもも地域社会とのつながりを持つことはできない。近隣の人の名前や顔を覚え、会えば挨拶するといった関係を持つ子どもは、現在では多くないのではないか。
　このように現代社会においては、地域社会も子どもの発達に影響を及ぼす環境となり得ていないのである。

## 4．その他の問題——自然環境の減少と外遊びの減少

　子どもの発達に影響を及ぼす環境としては、家庭、学校、地域社会に加えて、自然環境、物理的な環境も考慮する必要があるだろう。
　特に自然環境は、子どもに自然についての知識を得る経験を与え、学校では得ることのできない多様な学習の機会を提供する。それは直接体験に基づく学習であり、言葉を通してなされる学習を補完するものである。動物について形や色、性質や住む場所などを習っても、直接触れることによって知る動物特有の肌触り、暖かさ、臭いなどは分からない。それは動物に限らない。土でも木でも石でも、触ったりもてあそんだりすることにより、五感を通してさまざまな知識を得ることができる。それらは子どもの知的・情緒的発達に欠かすことのできないものである。

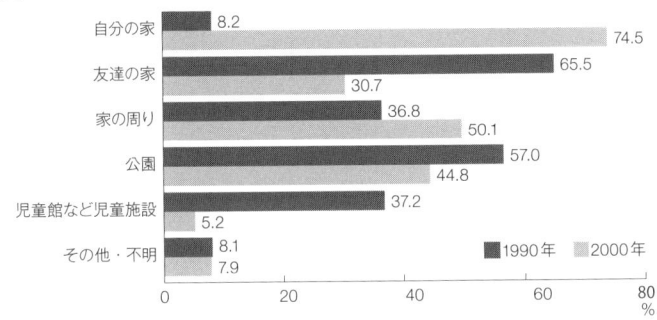

図表6　いつも遊ぶ場所

出典：(社) 日本小児保健協会「幼児健康度調査」を基に作成

　ところが都市化が進むと、自然環境は破壊される。小川は堀になり、森は伐採されて住宅になり、海は護岸で固められる。そこでは、子どもたちは自由に自然に触れることができなくなっている。危険を避けるために自然と接することを制限され、子どもたちには公園という擬似的な自然が与えられるのみである。

　それに拍車をかけるように、科学の進歩は室内遊びを充実させた。家には本やテレビ、ゲーム機があり、子どもたちを飽きさせることはない。

　このような環境では子どもは外で遊ぶことが少なくなる。公園という限られた自然には、子どもをひきつける魅力はない。それよりもテレビやマンガ、ゲームのほうがはるかにおもしろいのである（**図表6**）。

　現代社会では、このように豊かな経験を与えてくれる自然環境が失われ、子どもは外で遊ばなくなり、発達に必要な多様な経験が欠如する事態に陥っている。このことが、子どもたちの発達にどのような影響を与えるか、今後、十分に検討することが求められているのである。

## 5. おわりに

　本章では、発達という現象に関わる要因の検討と、それに及ぼす環境の影響、問題等について見てきた。要約すれば次のようになるだろう。

　子どもの発達は、持って生まれた特性（遺伝子上の特性）に大きく影

響される。ただし、その遺伝的な特性が現れるかどうかは環境による。したがって、発達には環境（教育）が必要条件ではあるが、必ずしも十分条件ではない。言い換えれば、いくら教育環境を整えても、その子が持って生まれた特性を超える教育はできないのである。過剰な教育が横行している現代において、このことを理解することは重要である。

　一方、必要条件としての環境は、現在においては子どもの発達にとって必ずしも豊かに与えられているとは言えない。家族も地域も、そして社会全体が多様な問題を抱えている。子どもの個性が一人ひとり異なり、文化も地域も異なるわけだから、子どもの発達にとって理想的な環境などというものはない。しかし、現代の社会、家庭が子どもの発達にどのように影響しているか、さまざまな面から検討する必要があるだろう。

【参考文献】
　　新井邦二郎『図で分かる発達心理学』福村出版、1997年
　　市川伸一『学習と教育の心理学』(現代心理学入門3) 岩波書店、2011年
　　鎌原雅彦・竹綱誠一郎『やさしい教育心理学』有斐閣アルマ、2005年
　　子安増生・南風原朝和・田中俊也・伊東裕司『教育心理学〔新版〕』（ベーシック現代心理学6) 有斐閣、2003年
　　中澤潤『よくわかる教育心理学』（やわらかアカデミズム・わかるシリーズ）ミネルヴァ書房、2008年
　　藤田主一・楠本恭久『教職をめざす人のための教育心理学』福村出版、2008年
　　M・リドレー（中村桂子・斉藤隆央訳）『やわらかな遺伝子』紀伊國屋書店、2004年

# 第2章 発達の個人差

小原　倫子

## 第1節 個人差

　2008年に改定・告示化された保育所保育指針（第2章1（4））には、発達の個人差について「乳幼児期は、生理的、身体的な諸条件や生育環境の違いにより、一人一人の心身の発達の個人差が大きい」と述べている。
　この指針を受け、『保育所保育指針解説書』には、乳幼児期の子どもの資質や特性は一人ひとり異なり、また家庭での生活経験により、環境の受け止め方や関わり方も大きく異なるとされている。それ故この時期の子どもに関わる保育者は、一人ひとりの心や身体の育ちや発達過程を把握し、子どもの発達のペースを尊重する保育の姿勢が求められる。長期的な視野を持ち、子どもの発達に寄り添い、見守ることが大切である。

### 1．個人間差と個人内差

　個人差とは、遺伝的要因や環境との相互作用により生じる身体的形態や生理機能、運動面や知的発達、さらには情緒や社会性の発達など、さまざまな側面における特性の違いのことである。子どもの発達を見ていく際には、例えば「3歳になるのにまだおむつが取れない」とか「4歳なのに聞き分けがない」など、年齢を基準とした発達の目安を目標と捉えて焦ったり深刻に悩む必要はない。発達には一定の順序性と方向性があり、明らかな障害が認められる場合を除いて、いずれは独りで、トイレで排便や排尿ができるようになる。また、情緒面の自己制御機能が育ってくれば、順番を待ったりルールを守るといったこともできるようになる。ただ、乳幼児期の発達は個人差が大きいし、何歳になったら必ずこういうことができるという決まりはない。大まかに「これぐらいの年齢になったらこうなる」というように発達の過程を理解しておくことである。そのうえで、一人ひとりの発達過程の特徴を把握し、関わりを考え

ていく必要がある。

　また、個人差には2種類の個人差がある。「○○君は、○○ちゃんよりも歩き始めた年齢が早い」などの一人ひとりの違いを個人間差という。一方、「○○君は言葉の発達は早いが、身体の発達はゆっくりである」というように、子どもの能力の発達の違いを個人内差と呼ぶ。一般的に、個人差というと個人間差が問題となることが多い。しかしながら、個人内差を詳しく知ることは子どもの個性を知ることであり、具体的な関わりを考えていくためには重要な視点となるであろう。

## 2. 個人差の発生原因

　人間は身体的形態や生理機能、運動面や知的発達、さらには情緒や社会性など、あらゆる心理的側面・行動的側面において一人ひとり異なる。このような個人差の発生原因の一つは遺伝的な要因である。遺伝は生得的なものであり、子どもの生物学的な成熟により、さまざまな能力が自発的に現れるというものである。一方、乳幼児を取り巻く環境もまた、個人差の後天的な要因となり得る。人間は一人ひとり異なる遺伝情報を持って生まれ、異なる環境で育つ。それゆえ、遺伝と環境は独立した要因ではなく、互いに影響し合いながら発達に作用している。

　子どもの気質と親の関わりという環境の相互作用を例にとってみる。まず、気質とは「個体が環境と関わり反応する際の、その個体に典型的な行動の様式を指す」と一般的に定義される。トーマス（Alexander Thomas, 1914～2003）によると「気質とは生得的な基盤の下に、生まれて間もなくからその特徴があらわれ、ある程度の持続性、安定性が見られる。しかしながら、養育環境の影響によって変化が生ずる」と定義されている。

　気質には、**図表**1のような9つの側面があることが示されている。トーマスとチェス（Stella Chess）はこれら9つの側面の程度から、「扱いにくい子どもたち」「エンジンがかかりにくい子どもたち」「扱いやすい

子どもたち」の3種類に子どもの気質タイプを分類している。

「扱いにくい子どもたち」は、睡眠や排泄のリズムが不規則になりやすく、新しい状況になじみにくいという特徴を持つ。そのため、養育者や保育者にとって子どもの要求や感情を推測しにくく応答が難しいので、関わりが難しいと感じてしまいがちである。

「エンジンがかかりにくい子どもたち」は、新しい環境になじむのに時間がかかるものの、何度も経験するうちに慣れてくるという特徴を持つ。このような子どもも、関わりには配慮が必要であろう。

「扱いやすい子どもたち」は、生理的リズムが規則的であるため、応答の予測が立てやすく、気分の質が親和的で安定しているため、養育者や保育者からすると関わりやすい子どもと感じられる。

このように、子どもの個人差の発生原因の一つとして、気質の違いが挙げられる。しかしながら、子どもの要求や感情が分かりにくい「扱いにくい子どもたち」という気質の子どもであっても、養育者や保育者の「敏感性（sensitivity）」が高く、適切なタイミングで的確に応答された

**図表1　主な気質の分類**

| 〈9つの側面〉 | |
|---|---|
| ①活動 | 身体運動の活発さ |
| ②接近・回避 | 新奇な刺激に対する積極性・消極性 |
| ③周期性 | 睡眠・排泄などの身体機能の規則正しさ |
| ④順応性 | 環境変化に対する慣れやすさ |
| ⑤反応閾値 | 感覚刺激に対する敏感さ |
| ⑥反応の強度 | 泣く・笑うなどの反応の現れ方の激しさ |
| ⑦気分の質 | 親和的行動・非親和的行動の頻度 |
| ⑧気の散りやすさ | 外的刺激による気の散りやすさ |
| ⑨注意の範囲と持続性 | 特定の行動に携わる時間の長さ・集中性 |
| 〈気質タイプの類型〉 | |
| 1.「扱いにくい子どもたち」 | 回避＋新奇な刺激に対する消極性＋ゆっくりした順応＋非親和的行動＋激しい泣き・笑い反応 |
| 2.「エンジンがかかりにくい子どもたち」 | 最初回避―やがて接近＋最初ゆっくりした順応―やがて順応 |
| 3.「扱いやすい子どもたち」 | 接近＋規則正しい身体機能＋素早い順応＋積極的な親和的行動＋マイルドな泣き・笑い反応 |

出典：［東洋ほか、1992］を基に作成

場合は、安定した愛着関係が育まれる。個人差を発達の遅れと見るのではなく個性の一つと捉え、一人ひとりの子どもが健やかに発達するような関わり方を工夫するという視点を保育者は常に持つべきであろう。

## 第2節　発達の個人差を考慮した保育

### 1. 発達過程と保育実践

　幼稚園教育要領や保育所保育指針には、子どもの発達の基本的な視点として、環境との相互作用の大切さや、具体的な発達過程について書かれている。また、乳幼児期にふさわしい経験が積み重ねられるような保育の活動内容について記されている。しかしながら、保育の内容については、何歳でどのような経験をすることが大切で、そのために保育者がどのような子どもとの協同活動を創り出していくのかという具体的な記述はなされていない。実際の保育活動を行う際には、子どもの発達過程をよく把握して、その時期の子どもの運動面や知的発達、情緒面、社会性などを考慮した保育内容の実践が大切である。

　例えば、「言葉」の領域に、「経験したことや考えたことなどを自分なりの言葉で表現」するとあるが、0歳では保育者の解釈や理解が主体の、喃語を介したやり取りが見られ、1歳過ぎからは、繰り返しの簡単な言葉のやり取りが、子どもの言葉の発達を促すことが考えられる。保育者は目の前の子どもに関わりながら、0歳から6歳までの発達過程や発達の連続性を考慮した保育内容の創造が望まれる。

　**図表2**は、保育所保育指針で示されたねらいおよび内容と、8つの発達区分ごとの子どもの特徴とを関連づけた保育の視点「言葉」の参考例である。子どもの発達を保育実践と関連づけて連続性のある保育を自分

**図表2　子どもの発達過程における保育の視点「言葉」**

| 発達過程 | 子どもの発達と保育を捉える視点 | | |
|---|---|---|---|
| Ⅰ.おおむね6カ月未満 | ○あやされて声を出したり笑ったりする。 | ○保育士等の子守歌を聴いたり、保育士等が話している方をじっと見る。 | ○保育士等の声やまなざしやスキンシップ等を通して、喃語が育まれる。 |
| Ⅱ.おおむね6カ月～1歳3カ月未満 | ○身近な大人との関わりを通し、喃語が豊かになる。指さしやしぐさなどが現れ始める。 | ○保育士等に優しく語りかけられることにより、喜んで声を出したり、応えようとする。 | ○保育士等と視線を合わせ、喃語や声、表情などを通してやり取りを喜ぶ。 |
| Ⅲ.おおむね1歳3カ月～2歳未満 | ○指さし、身ぶりなどで自分の気持ちを表したり、徐々に簡単な言葉を話し始める。 | ○保育士等の話しかけややり取りの中で、声や簡単な言葉を使って自分の気持ちを表そうとする。 | ○保育士等の話しかけや絵本を読んでもらうこと等により言葉を理解したり、言葉を使うことを楽しむ。 |
| Ⅳ.おおむね2歳 | ○保育士等と触れ合い、話をしたり、言葉を通して気持ちを通わせる。 | ○保育士等を仲立ちとして、生活や遊びの中で簡単な言葉でのやり取りを楽しむ。 | ○絵本などを楽しんで見たり聞いたりして言葉に親しみ、模倣を楽しんだりする。 |
| Ⅴ.おおむね3歳 | ○生活に必要な言葉がある程度分かり、したいこと、してほしいことを言葉で表す。 | ○友達の話を聞いたり、保育士等に質問したりするなど、興味を持った言葉や、言葉によるイメージを楽しむ。 | ○絵本、物語、視聴覚教材などを見たり聞いたりして、その内容やおもしろさを楽しむ。 |
| Ⅵ.おおむね4歳 | ○自分の経験したことや思っていることを話したりして、言葉で伝える楽しさを味わう。 | ○さまざまな言葉に興味を持ち、保育士等や友達の話を聞いたり、話したりする。 | ○絵本、物語、視聴覚教材などを見たり聞いたりしてイメージを広げる。 |
| Ⅶ.おおむね5歳 | ○自分で考えたこと、経験したことを保育士等や友達に話し、伝え合うことを楽しむ。 | ○さまざまな機会や場で活発に話したり、保育士等や友達の話に耳を傾ける。 | ○絵本、物語、視聴覚教材などを見たり聞いたりしてイメージを広げ、保育士等や友達と楽しみ合う。 |
| Ⅷ.おおむね6歳 | ○自分の経験したこと、考えたことなどを言葉で表現する。 | ○人の話を聞いたり、身近な文字に触れたりしながら言葉への興味を広げる。 | ○絵本、物語、視聴覚教材などに親しみ、保育士等や友達と心を通わせる。 |

出典：[厚生労働省、2008] を基に作成

なりに考えていくことが重要である。

## 2. 個人差を考慮した保育

　乳幼児期は心身の発達の個人差が大きいため、同年齢の子どもの平均的・標準的な姿や、活動に焦点づけた保育ではなく、一人ひとりの発達過程を理解し、子どもの興味や関心、そのときどきの感情を受け止めながら関わりを持つ必要がある。また、この時期の子どもは周りのあらゆる環境に興味を示し、自分から関わりを持とうとする知的好奇心が旺盛で、それに伴い探索行動も活発化される時期である。安全に配慮しながら、子どもの興味や関心を引き出す環境を整える配慮が求められる。さらに、近年、子どもが育つ家庭環境も多様化し、ひとり親家庭や外国籍の子どもも増加している。それぞれの子どもが育ってきた家庭環境や、家庭の中で受け継がれてきた文化の違いを尊重し、お互いの良さを見つけ、協調的に集団での仲間関係が築けるような保育が必要とされている。

### (1) 乳児期の個人差と保育

　乳児期は、疾病への抵抗力が弱く、さまざまな病気に感染しやすい。そのため、一人ひとりの発育状態や生活リズムの特徴、日々の体調などをしっかり把握することが求められる。乳児をじっくり観察し、適切な判断に基づく関わりが必要とされる。また、衛生面にもきめ細かい配慮が必要である。遊びや生活の場が清潔であることはもちろんのこと、乳児によっては、物理的刺激や特定の素材などにより肌荒れを起こすこともあるため、衣類や布団、おむつなど肌に直接触れるものの素材にも注意が必要である。

　心の側面においては、主たる養育者との間に情緒的な絆（愛着）が形成される時期である。言葉が未熟な乳児は、手足をバタバタさせたり、言葉にならない喃語により、自らの欲求や気持ちを伝えようとする。このサインが分かりやすい子どもと、分かりにくい子どもがいる。ただ、

どの乳児も、生きていくためには他者の援助が必要である。養育者や保育者は、乳児一人ひとりのサインを読み取り、解釈し、応答的な関わりを継続的に行うことが求められる。そのような養育者や保育者との相互作用を通して、乳児は人との関係性の中で基本的な信頼感を獲得していく。この時期に獲得される信頼感とは、一つは自分の欲求や気持ちに対し適切に応答してくれることによる、自分の存在の大切さへの信頼感、もう一つは、困ったときや助けてほしいときにいつでも応答してくれる周囲の人たちに対する信頼感である。この時期の信頼感はその後、子どもがさまざまな人たちと人間関係を築いていく際の基礎となると考えられている。保育者は、子どもが基本的な信頼関係を獲得できるよう、子どもをよく観察し、応答的な関わりを実践することが重要である。

### (2) 3歳未満児の個人差と保育

この時期は、食事、排泄、衣類の着脱などの日常的な生活習慣の自立に向かう時期である。また、運動能力や、言葉をはじめとする知的能力の著しい発達も見られる。しかしながら、それらの能力の獲得には個人差があるため、一人ひとりの発達過程に応じた食事や排泄の援助を工夫する必要がある。自我が芽生え、自己主張も強くなることから周囲とぶつかることも多くなる。保育者は、子どもの性格の違いや感情状態などに注意し、時間がかかっても、子どもが「自分で靴を履きたいんだ」という気持ちを尊重し、「自分で履けた」という達成感や満足感が得られるような辛抱強い援助を意識することが必要であろう。

### (3) 3歳以上児の個人差と保育

この時期は、心身の発達が著しく、より活動的になり、興味や関心も多方面に広がる時期である。また手洗いや歯磨きなどの日常的な生活習慣が身についてくる時期でもある。すぐに正しい方法や答えを教えるのではなく、生活のさまざまな場面で遭遇する事柄について、自分なりに

考え、理解し、判断を行い、適切な行動を選択できるように援助することが大切である。遊びが発展していくこの時期の子どもにとって、同年代の集団やグループでの人間関係は重要である。集団での遊びやけんかなどを通して、相手の気持ちを尊重したり、自分を主張することの大切さを学んでいく。また、遊びのルールを通して物事に決まりがあることや、それを守る必要性についても経験していく。

　しかしながら、自分が本当にしたいことや欲求をはっきり出せる自己主張の能力や、自分の欲求よりも集団のルールを優先するなどの自己制御能力は、子どもの性格や家庭環境の影響などから個人差が大きい。そのため、わがままで友達とのトラブルが多い子どもや、恥ずかしがり屋でなかなか自分の気持ちを出せない子どもなど、いろいろな個性が集団の中で目立つ頃である。わがままで遊びのルールが守れない子どもには、分かりやすくルールを説明して、みんなと仲よく遊ぶ楽しさを教え、恥ずかしがり屋で自己主張が苦手な子どもには、自信を持たせるような辛抱強い励ましが必要となる。自己主張と自己制御のバランスのとれた自律性の獲得のためには、子どもの個性に合わせた援助を子ども主体の枠組みの中で行う必要がある。保育者の子どもの主体性を見守る態度が安定していることが、、小学校生活へのスムーズな橋渡しとなるであろう。

# 第3節　問題行動の個人差と保育

## 1. 問題行動の意味

　乳幼児の問題行動を考える際、大切なポイントの第1は、誰にとって問題なのかということである。子ども自身であるのか、養育者かそれとも保育者か。問題行動が、養育者や保育者の思うように動いてくれない、

静かにしていてほしいときに騒いだり走り回ったりするということならば、それは養育者や保育者にとってストレスの高い行動と感じられるだろう。しかし子どもにとってみれば、走りたいときに走り、大きな声を出したいときに出すという行動は、なんら問題とは感じないだろう。

第2のポイントは「どのような状況の中で」その行動が問題とされているのかということである。大多数の子どもたちが幼稚園または保育所に通う中で、登園しぶりが長く続いてなかなか通園できない子どもたちは問題となりやすい。問題行動の多くは、養育者や保育者などの周囲の大人にとって、子どもがみんなと同じではない行動をとることが問題となりがちであることは理解しておきたい。

## 2. 発達的側面を持つ問題行動

問題行動の内容について考えたとき、その行動を示している子ども本人に何か問題があり、そのことで社会的不利益を被るのではないかというネガティブな側面に焦点づけてしまいやすい。不登園を例にとると、社会性が未熟でわがままな子どもに育ってしまったのではないだろうかという心配や、そのようなしつけをしてしまったのではという育児ストレス、さらには交流の少ない友達関係など、さまざまなマイナス面が気になってしまう。子ども自身も気にしたり悩んだりするであろうが、ほとんどの場合、気にするのは養育者や保育者のほうである。しかし、子どもの発達過程において生じるさまざまな問題はマイナス面ばかりではない。養育者や保育者にとっては問題行動でも、子どもにとっては発達のエポックメーキング的な意味を持つ行動というものがある。

乳児期において、周囲の大人にとって困る問題行動に「人見知り」がある。「人見知り」とは、乳児が7～8カ月頃になると、母親には笑顔を見せ機嫌がいいのに、母親以外の人が抱っこをしたりあやしたりすると泣き出したりする現象である。母親にとっては、誰に対してもニコニコと機嫌が良く、みんなにかわいがられる赤ちゃんであればうれしいし、

そのような赤ちゃんであれば、少しの間家族や友人にめんどうをみてもらうこともたやすい。人見知りは、大人から見ると困った問題である。

しかしこの現象は、発達的視点から見ると2つの点でエポックメーキング的な意味を持つ。1つは、母親と母親以外の区別がつくという認知的な発達を意味している。もう1つは、母親との安定した愛着の形成を示している。乳児期における母親との安定した愛着関係は、次の幼児期以降の友達関係の形成の基礎を築く大切な発達過程である。

このように、乳幼児期に見られるさまざまな問題行動には、現在、そしてこれからの環境に、より適応して生きていくための発達の可能性が存在する、ということをしっかり意識して関わることが大切である。

## 3．問題行動の個人差と保育

問題行動の意味や、発達的視点を理解したうえで、乳幼児期に生じやすい問題行動について見ていくことにする。子どもの問題行動は、①身体・運動、②日常生活、③対人関係、④情緒・性格などの面で生じる。

身体・運動面では、歩き方がぎこちない、手先が不器用などの身体を動かす機能に現れやすい。日常生活面では、テレビ・DVD・ゲームといった電子映像メディアへの過度の依存による生活リズムの乱れや、感覚過敏な子どもたちの増加が問題となっている。対人関係面では、少子化や核家族化、また地域社会の人間関係の希薄化などにより、日常的な対人関係の経験が貧困な子どもたちが、現実の対人関係をうまく築けないという問題などが生じている。情緒・性格面では、不安や緊張が高く新しい場所や人になかなか慣れない子どもや、キレやすくすぐに手が出る子どもなどが養育者の悩みとして挙げられることが多い。

しかし、問題行動の原因は1つであることは少なく、身体障害や知的障害、心の状態などが複雑に絡まり合っていることが多い。また、発達障害に関しては発達の個人差も大きく、発達に伴いその症状も変化していく側面がある。一時点での鑑別による診断名で子どもを理解した気持

ちにならずに、子どもの発達的な変化を把握し、一人ひとりの子どもの大変さや、周囲の人に分かってもらえないつらさなどを理解し、援助する姿勢が必要とされている。

**【演習課題1】**
＜目的＞
　保育指針で示されたねらいおよび内容と発達の個人差を関連づけた保育の関わり方について考える。
＜方法＞
　保育所保育指針の中の教育に関わるねらい及び内容の中から1つを取り上げ、具体的な子どものイメージで発達の個人差を考え、それらの個人差に配慮した保育の関わりについても考える。グループディスカッションによる協同学習を用いて、グループごとに意見をまとめて発表し合う。自分とは異なる意見や考えを知ることで、学習者一人ひとりの視野を広げる。
＜結果の例＞
　「人間関係」の内容「⑥自分の思ったことを相手に伝え、相手の思っていることに気付く」に関連して考えられる発達の個人差。
①年長のAちゃんは、ブランコ遊びが大好きにもかかわらず、いつも友達に先を越されて、なかなかブランコに乗れない。クラスの多くの友達がブランコ遊びが大好きなことをよく分かっていて、いつもブランコの近くに所在なげに立っている。
②年中のB君は、いつも一番に大好きなブランコに乗り、外遊びの時間ずっとブランコを独占している。
　①の子どもへの関わり：「ブランコに乗りたいんだね」とAちゃんの気持ちに共感する→どんなふうに友達に順番を代わってもらうように言えばいいかをいっしょに考える→自分でがんばって言ってみるように励ます→うまく自分の思ったことを相手に伝えることができたら

褒める。

**【演習課題2】**
＜目的＞
　乳幼児期における問題行動を発達的視点から捉えて、発達の可能性を引き出す保育の関わり方について考える。
＜方法＞
　グループディスカッションによる協同学習を用いて、グループごとに意見をまとめて発表し合う。自分とは異なる意見や考えを知ることで、学習者一人ひとりの視野を広げる。
＜結果の例＞
　幼児期の第一反抗期：俗に「イヤイヤ期」とも言われる2歳半〜3歳頃の子どもは、養育者や保育者にとっては、関わり方が難しい時期である。しかしながら幼児期の第一反抗期は、自我の成長に伴い、自分の納得するやり方で行動したいという自己主張が育つ大切な時期である。子どもは自らの意思で試行錯誤を繰り返しながら、あるときはうまくいかず悔しい思いを経験し、あるときは達成感や満足感の得られる経験をしながら、自己主張と自己抑制のバランスのとれた自律性を獲得していく。子どもが試行錯誤しながら自分で何かをやろうとする行動を、親や保育者は辛抱強く見守り、子どもが助けを求めたときには適切な援助を行うという態度が、次の児童期における安定した仲間関係の確立につながっていく。


**【引用・参考文献】**
東洋・繁多進・田島信元編『発達心理学ハンドブック』福村出版、1992年
一丸藤太郎・管野信夫編著『学校教育相談』（MINERVA教職講座10）ミネルヴァ書房、2002年

大場幸夫監修『保育所保育指針ハンドブック〈2008年告示版〉』(ラポムブックス)学習研究社、2008年

厚生労働省『保育所保育指針解説書』フレーベル館、2008年

小林芳郎編『乳幼児のための心理学』保育出版社、2009年

子安増生編『よくわかる認知発達とその支援』(やわらかアカデミズム・〈わかる〉シリーズ)ミネルヴァ書房、2009年

清水益治・無藤隆編著『子どもを知る　保育の心理学Ⅱ』(新保育ライブラリ)北大路書房、2011年

無藤隆・大坪治彦・岡本祐子編『よくわかる発達心理学〔第2版〕』(やわらかアカデミズム・〈わかる〉シリーズ)ミネルヴァ書房、2009年

谷田貝公昭・原裕視編『子ども心理辞典』一藝社、2011年

# 第3章

# 身体・運動と情緒の発達

山本　有紀

# 第1節　身体・運動発達の様相

## 1．身体の発達の特徴

　乳幼児期は身体の発達が著しい時期である。身体発達の過程には一定の順序と方向性があるが、環境や学習、遺伝的要因により、個別、機能別に発達変化の差が生じることを踏まえなければならない。

　身体発達の方向は、頭部から尾部、中心から周辺への2方向である。前者は、首の据わり、寝返り、つかまり立ちへと、頭から腰、足へと順を追って運動が発達することから明らかであり、後者は、寝返りに代表されるように身体の中心を支点にした身体の向きを変える動きが獲得された後、徐々に大まかな腕全体の動きから、手先の微細な動きへと運動が発達することから明らかである。

　また、身体の各器官において発達の速度は異なる。スキャモン（R. E. Scammon, 1883～1952）は、各器官の発育曲線を示した。

　①神経型は、発育が早い時期から進む。②一般型は、身長・体重などの体格および一般的な臓器が当てはまり、幼児期と12歳以降の2度の時期に発育の速度を強める。③リンパ型は免疫をつかさどるリンパ組織を指し、12歳頃に成人の200％に達するが、思春期を過ぎると減少する。④生殖型は、思春期以降に急激に発育する［Scammon, 1930］。

　このように、身体の諸器官は異なる発育の速度を示すが、中でも神経型は運動の調整基盤となる。神経型の発育は6歳で成人の90％程度に達するため、幼児期にすでに、大人と同じような多様な動きの獲得が可能となる。

　身体の形態に関しては、わが国の出生時の平均身長は約50cm、平均体重は約3000gである。生涯を通じ、最初の1年が最も量的に増大し、1歳

前後では身長75cmと出生時の約1.5倍、体重は9kgと出生時の約3倍になる。また男女の違いでは、男児が女児よりも身長・体重の両面で上回る。

身長に占める頭部の割合の変化では、出生時は4頭身であるが、成人では8頭身となる。神経型の発育が早期に開始されること、また体幹から上肢・下肢へと発達が進むにつれ、全身における頭部の割合は減少す

**図表1　手骨の発育**

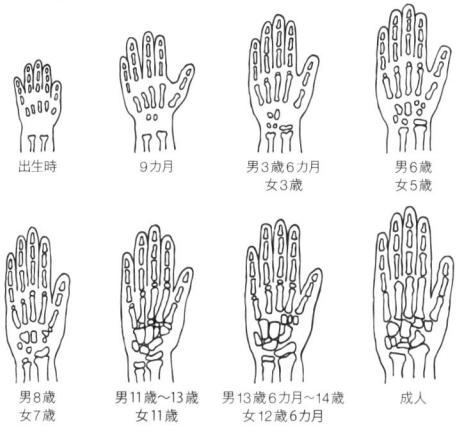

出生時　9カ月　男3歳6カ月／女3歳　男6歳／女5歳

男8歳／女7歳　男11歳〜13歳／女11歳　男13歳6カ月〜14歳／女12歳6カ月　成人

出典：［朝比奈・中川、1974］を基に作成

**図表2　脚部の発育過程**

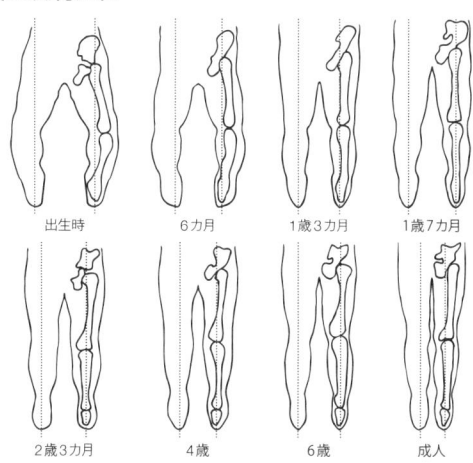

出生時　6カ月　1歳3カ月　1歳7カ月

2歳3カ月　4歳　6歳　成人

出典：［高石・宮下、1977］を基に作成

る。乳幼児期に頭部の全身に占める割合が大きいことは、身体の重心が高い位置にあり、バランスを保持することが難しいことを意味する。したがって、子どもは転倒しやすい。また、上肢の伸びが追いついていないことで、受け身の姿勢が難しく、頭部から転倒する危険がある。保育者は常に、安全面での配慮が必要となる。

　また、乳幼児期は骨の形成途上にある。骨の数が徐々に増え、軟骨から硬い組織の骨へと変わる化骨の現象に応じ、多様な動作が可能となる。時期尚早な動きや負荷の大きい運動をさせることは、骨の発達と阻害につながるため、注意する必要がある（**図表1・2**）。

## 2. 運動の発達

　月齢とともに原始反射が消失し、随意運動へと移行するに従い、運動機能が発達する。移動運動の発達は、首の据わり、寝返り、つかまり立ち、と一定の順序と方向性に従って変化する。

　粗大運動の発達は個人差が大きい領域であり、一般的な発達の目安は70％の通過率によって示される。個人差に留意しつつ、あまりにも発達が遅れている場合は専門家に相談することが望まれる。また、近年、ハイハイが見られず一人歩きに移行するなど、個々に様相が異なることがあることにも留意する必要がある。

　微細運動に関しては、乳幼児期は協応性の発達が著しい時期である。未分化な運動からしだいに分化し、滑らかで正確な運動へと高度に統合される。ハサミや箸の使い方など微細運動の発達は、年齢とともに速くかつ正確になる。手先の運動発達は家庭での経験の影響も大きいことに留意する必要がある。

## 3. 保育現場における身体運動への関わり

　乳幼児期は身体発達がめざましく、運動発達の基礎となる時期である。この時期に適切な運動の量と質が確保されることが、望ましい身体運動

の発達に欠かせない。

　身体運動の発達は、自己概念の発達とも深く関係する。4〜5歳になると、行動的な側面や能力における自己意識が深まり、とりわけ「…ができる」という「有能感」が、子どもの自己概念の形成に重要な役割を示す。乳幼児期に、運動での達成経験や他者からの肯定的な評価を受ける経験を積み重ねることによって内発的に動機づけられ、自発的で積極的な行動傾向が生じる。さらに、運動を好むことが、運動機会の増加につながる。子どもがどのように運動と関わったのか、どのような感情を得たのかは重要である。よって、保育者は一人ひとりの子どもの経験を考慮し、有能感を持つことができるように配慮をすることが望ましい。「できる、できない」を明確にさせたり、むやみに他者と競争させて勝ち負けを強調することは、子どもに悪影響を及ぼしかねない。子どものできない部分に焦点を当て、できるようになるまで練習させるのではなく、できることを繰り返し楽しむ中で、個々が自己を十分に発揮できるような保育者の関わりが求められる。

　一方、実際の保育の現場では、運動に不慣れなために「できる」という感覚を積み重ねることが難しい子どもも少なくない。子どもが何か行動を起こした際に、結果として本人に返ってくるフィードバックは非常に重要である。運動が苦手な子どもの場合、「やろうとしたけれど、できなかった」という結果が本人に返ることになるが、できなかった経験が積み重ねられることで「がんばっても無駄である」という無力感だけが残されかねない。保育者は「できた、できない」といった結果だけを評価するのではなく、子どもの取り組んだ過程にも焦点を当てる必要がある。子どもの動きの質的な発展や、取り組みの姿勢も含めたフィードバックは、子どもの心に「もう一回やってみよう」「次こそがんばろう」という自発的な意欲を生じさせる。

## 第2節　身体・運動発達における問題

### 1. 現代の子どもの身体傾向

　今日、生活習慣病のリスクのある子どもが増加しているが、肥満度の高い子どもほどテレビ視聴やゲームの時間が長いという結果が出ている［日本小児科学会、1995］。室内での遊びが増加することで肥満傾向が助長され、肥満傾向になれば、動くことがおっくうになり、さらに肥満傾向が増すという悪循環に陥りがちである。このような身体の傾向は、運動不足や食生活が原因と考えられる。

　また、発達加速現象と呼ばれる変化が見られる。現代では一世代前の人々より身長が高くなり（成長加速）、身体の成熟時期が早くなっている（成熟前傾）。この現象には、体格と運動発達のアンバランスや、身体の成熟と比較して精神発達力が未熟であるなど、発達・教育的問題も多い。

### 2. 現代の子どもの運動傾向

　文部科学省による「児童・生徒の体力運動能力調査」では、子どもの体力・運動能力に低下傾向が認められ、何十年も回復の兆しが見られない。幼児を対象とした運動能力テストにおいても、ほぼ同様の傾向が見られる。つまり、小学生以降に見られる体力・運動能力の低下が幼児期から始まっていると言える。このような結果は、直接的には運動経験の乏しさが、間接的には子どもを取り巻く環境が影響している。

　現代の子どもの運動の問題は二極化しており、一方には、早い時期から特定の運動のみを行う子どもがおり、他方には、ほとんど体を動かさない子どもがいる。乳幼児期には、特定の運動に特化せず、遊びや生活を通じて適度な運動と多様な動きを獲得することが望まれる。子どもの

生活と遊びは切り離すことのできないものである。生活場面での動きを見直し、運動遊びとして意図的に多様な動きを組み込む必要がある。

　また、疲れやすく、すぐ座り込む、転びやすいなどの身体傾向の変化についての言及が見られる。ひもを結ぶ動きなどは微細な運動技能を伴うが、この基本的生活習慣における動きもまた運動経験との関係が深い。多様な運動を経験し、さまざまな動きを獲得することが望まれる。

## 第3節　情緒発達の様相

### 1. 情緒の機能

　一般的に使われる「感情」のほかに、「情緒」「情動」「気分」など類似の言葉があり、強さや持続の程度によって定義がさまざまであるが、ここでは「情緒」に統一して用いることとする。

　悲しみ、恐れ、喜びなど、情緒はその発生が極めて個人的で内的なものでありながら、表出によって他者とのコミュニケーションを図る機能を持つ。情緒は自らの行動を方向づけ、愛着や探索の動機となる。また自己のみならず、他者をはじめとする環境との間を適応的に保ち、自我を守るための調整子の機能を持つ。情緒的コミュニケーションによる体験は積み重ねられ、自己に還元される。

　とりわけ乳幼児において、情緒はどのような機能を持つだろうか。乳児は大人の関心をひきつける能力を生得的に備えている。人間の顔や声に強い関心を示し、他者の顔を積極的に模倣する「新生児模倣」や、眠りに入りかけたまどろみの状態で見られる「自発的微笑」などはその例である。これらの行為に、情緒的な意味合いや他者との関わりを求める意図はないが、大人は子どものこれらのしぐさに、肯定的で特別な感情

を抱く。また、子どもが泣いたときや笑ったときには、大人は表情や声色から子どもの感情の意図を読み取ろうとし、応答的に関わろうとする。

こうして子どもと大人の間に情緒的コミュニケーションが繰り返されると、心理的な絆である愛着が築かれ、さらには基本的信頼感の芽生えにつながっていく。生後6カ月を過ぎると、見知らぬ人を見て泣き、養育者にしがみつくなどの「人見知り」が見られる。これは愛着が築かれたあかしと考えられ、子どもは安全基地を確保したことで探索活動を広めていく。幼児になると、仲間関係で対人葛藤を経験する機会が増え、自らの情緒と行動を制御し、他者との関係を調整することが求められるようになる。このように、自己のみならず他者との関係の発達においても情緒の機能は欠かせない。

## 2. 乳幼児期の情緒の成立と分化

乳幼児期の情緒に関しては、出生時は興奮という未分化な状態で、しだいに「不快」と「快」、さらにそれらがさまざまに分化していく、と長らく考えられてきた。しかし、近年では乳児の表情研究が進み、出生直後からいくつかの基本的感情があると考えられている。ルイス（M. Lewis）によると、子どもの情緒は誕生時より「満足」「興味」「苦痛」の3つを備えており、生後6カ月までに「喜び」「悲しみ」「嫌悪」「怒り」「驚き」「恐れ」などが見られるようになる。これらを「一次的感情」と呼ぶ。生後1年を過ぎると、自己に関する意識の芽生えとともに「恥」「共感」「嫉妬」の情緒が表れ、2～3歳になると社会的な規則の獲得とともに自己評価に関連して「誇り」「罪悪感」の情緒が表れる。これらを「二次的感情」と呼ぶ。こうして3歳頃までには、大人とほぼ同様の情緒が出そろう [Lewis, 2000]。

## 3. 情緒の表出と情緒調整

情緒の表出は、情緒を発した人の心の状態などの多くの情報を、知覚

する他者に与えるシグナルの役割を果たす。しかし、情緒は常に感じるままに表出するのではない。自己を守り、他者との関係を良好に保つためや、他者からの自己の評価を下げないために、情緒を誇張することもあれば、ときには情緒を隠すこともある。このような情緒表出の制御は、子どもは大人に比べて未熟である。子どもどうし、情緒を制御できないまま、相手の極端な情緒表出に恐怖を感じる経験に陥ることもある。

　研究理論により定義が異なるが、「表出された情緒をより適応的な方向に、他者とのコミュニケーションを円滑にするために、なんらかの方法で調整・制御すること」を「情緒調整」と呼ぶ。

　発達の初期には、子どもは自己の不快な情緒を調整することができず、他者の慰めや偶発的な行動に、情緒の調整を依存している。生後3カ月過ぎから、自らの不快な情緒を快に調整してくれる存在として養育者を認識し、泣きによって意図を伝えようとする。1歳を過ぎると、社会的参照により、信頼できる大人の表情や反応をうかがい、自らの恐れや戸惑いを解消するようになる。また、指をしゃぶるなどの「自己接触」によっても情緒調整を行うようになる。

　2～3歳になると、情緒の状態を言葉に表す能力が飛躍的に増加し、要求や拒否を泣きではなく言語で表すことが可能になる。それとともに、養育者から情緒調整の方法を学ぶことができ、慰めや援助といったフィードバックを得やすくなる。このように、2歳前後で自律的な調整が可能となり始めるが、この時期は日常生活や親子関係で葛藤や対立が多く、かんしゃくや攻撃的行動などの情緒表現の激しさが増し、自己の情動に圧倒されることもしばしばある。よって、3歳にかけて自律的な調整が完成に向かう中、養育者の支えもまだ大きな役割を持つ。

　3～4歳になると、他者の気持ちを考慮し、個人的な喜びを抑制して表現するなど、社会生活における慣習に従って情緒表出を調整するようになる。コール（M. Cole）、は期待外れのプレゼントに対する子どもの情動表出に関して調査した結果、3～4歳でも他者がいる場合には、不

快な情緒の表出を制御することを明らかにした [Cole, 1986]。しかし、この時期の制御は自動化されたものであり、意識的に自己の情緒表出を制御するようになるのは幼児期後期から児童期初期であると考えられる。

情緒調整は、原因となる刺激とは別の物に注意を移す「刺激の回避」などの方略に始まり、養育者との相互作用から自分の情緒を調節する「他律的な情緒調整」、さらに「自律的な情動調整」へと変化する。情緒は本質的に適応に働くための自律的な原理を備えており、母子をはじめとする他者との関係性が重要な位置を示すことが分かる。

## 4. 情緒と保育現場での対応

情緒の発達には周囲の積極的な働きかけが不可欠である。子どもが豊かな情緒を育むためには、豊かな情緒の経験が欠かせない。乳幼児は、自らの情緒を言葉で表すことが難しく、情緒調整が未熟である。保育者は、家族以外で子どもの情緒の発達に関わる重要な存在である。情緒的コミュニケーションは、子どもの基本的信頼感を育て、愛着を形成する。保育においては、子どもが安心して情緒を表出できるような環境を作ることが求められる。また、とりわけ乳児においては、子どもの表情や行動からの情緒のくみ取りが不可欠である。

また情緒調整においては「足場作り」が必要となる。子どもへの手助けの範囲を見極め、徐々に子どもに委ねていくことが、情緒の自己調整能力の発達を促す。特に仲間関係でのいざこざでは、発達に伴い、単純な制止から、両者の意図や情緒の確認、さまざまな解決策の提案へと、しだいに保育者側の介入を変化させる必要がある。

情緒調整の能力は、子どもの仲間関係にも影響を及ぼす。情緒調整が未熟だと、仲間との関係性の悪化を招く。子どもどうしの関わりが減ることで情緒調整の能力を発達させる機会が減り、さらに仲間関係に悪影響を及ぼすという悪循環が生じる。保育者は、子どもどうしで自律的に葛藤の解決ができるよう、情緒調整の能力を育てる必要がある。

## 第4節　情緒発達における問題

　岩立京子は、保育現場において情緒とそれに伴う行動のコントロールができない子どもの問題を提言している［岩立、2001］。怒りやいらだちの抑制がうまくできず、喚起された情緒を自ら解消できずに、攻撃的な行動として表現してしまう子どもが増加している。

　「かみつき」では、現象そのものの増加のみならず、手加減ができない子どもが増加していることが知られている。かみつきを発達の現象として考えると、2歳であれば、運動機能や言語のめざましい発達とともに仲間との間に機能的な働きかけが見られる一方、玩具を取られて泣いたり泣かされたりといった日常の中でその姿が見られることが多い。かみつきは自我の発達過程の現れとも捉えられるが、フラストレーションによって生じる攻撃行動とも見られる。保育者は表面的にかみつきを抑制することだけにとらわれず、発生の背景要因に留意する必要がある。

　子どもの情緒・行動制御の発達には、子ども自身の情緒反応性である「気質」も関係する。子どもの気質は、体質的個人差の強いものと見られるが、完全に生得的なものではなく、親子の情緒的コミュニケーションの中で形成される。現代の子どもが呈する情緒発達の問題は、子どもの経験と環境による影響が大きい。昨今、核家族化の進行とともに、子どもたちは近隣での多様な人間関係の経験や、けんかの中で情緒の調節や手加減を覚える機会が減少している。このような子どもを取り巻く環境の変化も、子どもの情緒の発達に大きな影響を及ぼす要因と言える。

【演習課題】
1. 現代の子どもは運動経験が不足ぎみだが、日常生活場面での活動を運動と捉え直すことで、子どもの運動経験の量的・質的な積み重

ねが期待できる。動きを増やす「運動量」の側面、運動パターンを変化させる「運動の質」の側面から、保育現場での改善策を考えよ。
2. 虐待をはじめ、生育環境や養育者との関わりに起因する情緒発達の問題にはどのようなものがあるか。子どもの情緒表出や情緒調整の特徴、行動傾向に関して調べよ。


【引用・参考文献】

朝比奈一男・中川功哉『運動生理学』(現代保健体育学体系7) 大修館書店、1974年

岩立京子「親の養育行動と子どもの不適応行動」杉原一昭監修『発達臨床心理学の最前線』教育出版、2001年、pp.46-54

高石昌弘・宮下充正編著『スポーツと年齢』(講座・現代スポーツ科学4)、大修館書店、1977年

日本小児科学会「子どもの生活環境改善委員会報告」1995年

P. M. Cole, "Children's Spontaneous Control of Facial Expression.", *Child Development,* 57, 1986, pp.1309-1321

M. Lewis, "The emergence of human emotions", M. Lewis & J. M. Haviland (Eds.), *Handbook of emotions*, Guilford Press, 2000, pp.223-235

R. E. Scammon, "The Measurement of the Body in Childhood", J. A. Harris et. al., *The measurement of man,* University of Minnesota Press, 1930, pp.171-215

# 第4章

# 人的環境をめぐる問題

堀田　千絵
花咲　宣子

## 第1節　子どもを取り巻く人々

　子どもが健やかに育つためには、子どもを取り巻く親、家族の構造や機能、保育士などの専門家を含んだ保育者が、子どもにとって良い人的環境であることが重要である。子どもにとって良い人的環境とは何か。本章は、この点を、子どもに直接的影響を与える保育者という人的環境（第1節、第2節）と間接的影響を与える保育者を取り巻く環境（第3節、第4節）の2つの視点から明確にする。なお、本章では、保育者を、親などの養育者、保育士や専門家を含んだ子どもに関わる大人を指すこととする。

### 1. 子どもを取り巻く人的環境

　人間はさまざまな集団に所属し、社会というシステムの中で生活している。子どもの発達に直接影響を与える最小単位の社会システムは家庭であり、夫婦関係、親の子育て観などが子どもの育ちに影響を与えることが想像できる。心理学者ヴィゴツキー（L. S. Vygotsky, 1896～1934）は、社会、文化の歴史の中で人間の発達が影響を受けることの重要性を指摘した［ヴィゴツキー、2005］。

　また、ブロンフェンブレンナー（U. Bronfenbrenner, 1917～2005）は、個人と個人を取り巻く周囲の環境を生態学的環境と考え、発達が個人とその相互作用であることを強調している［岡本・塚田-城・菅野、2004］。**図表1**には、4つのシステムからこの相互作用を捉えたものを示した。子どもを個と当てはめて考えると、直接影響を与える人的環境およびシステムは、親、兄弟などの家族、保育所の先生や友達といった保育所での生活である。一方、間接的な影響を与える環境は、母親、父親、保育者などのそれぞれの人間関係や職場関係である。

**図表1　子を取り巻く生活世界**

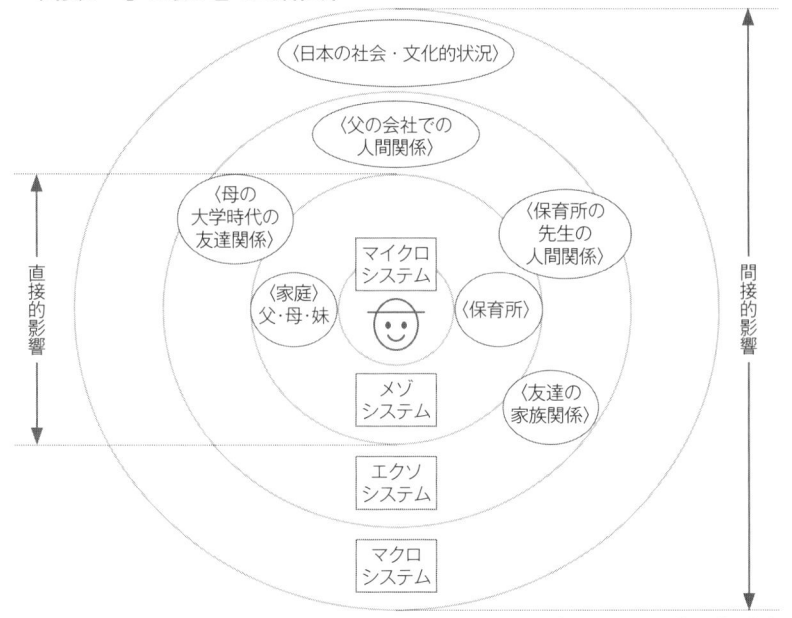

```
〈日本の社会・文化的状況〉
  〈父の会社での人間関係〉
〈母の大学時代の友達関係〉    〈保育所の先生の人間関係〉
    〈家庭 父・母・妹〉  マイクロシステム  〈保育所〉
                                    〈友達の家族関係〉
        メゾシステム
        エクソシステム
        マクロシステム
```

直接的影響 ／ 間接的影響

出典：[岡本ほか、2004] を基に作成

## 2. 子どもに応答的に関わる人と環境が重要

　赤ん坊は、保護的な胎内生活を長期にわたって過ごし、誕生後しばらくは目の離せない養育が必須の時期が続くため、未熟で無能な存在であると考えられてきた。しかしここ30年で、生後間もない赤ん坊の視覚・聴覚は敏感で積極的であり、複雑で新奇なもの、特に人の顔や声には格別の関心を示す、知的好奇心旺盛で有能な存在であるということが分かってきた。

　さらに、子どもは成長するに従って、自力でできることが増えていき、その新しい力を使うこと、またできたことに強い興味を示し、何度もその力を確かめたくなる。例えば、K保育園における1歳11カ月の子どもの観察記録を参考に見てみよう（**図表2**）。ボールをたまたま棚の上に置いたところ転がることを発見し、その後、保育士の投げかけにより、試

行錯誤しながら丸い物は転がる、丸くない物は転がらないといった問題解決の過程を深化させるに至ったという興味深い報告である。自分の力、すなわち機能的遊び自体が、子どもにとっては喜びでありそれによって学び育つ人間の発達の本質が見えてくる。

ここで重要なのは、子どもの興味・関心の対象となるボール転がしの環境に出合わせ、試行錯誤につきあい、認めながら応答的に関わる保育士の存在である。スターン（D. Stern）は、母親が子どもの情動をくみ取って関わることを「情動調律」と呼んでいる［スターン、1989］。欲求が満たされる際に経験される情動の積み重ねは、保育者を「特別な存在」として認識させることになる。この安全基地の存在が、子どもの思考過程を深化させる素地となる。

このように、乳児は生後すぐ外界に能動的に働きかけるが、重要なのは、それを受け止めタイミングよく応答する、いわゆる応答的な人と環境であることが分かる。

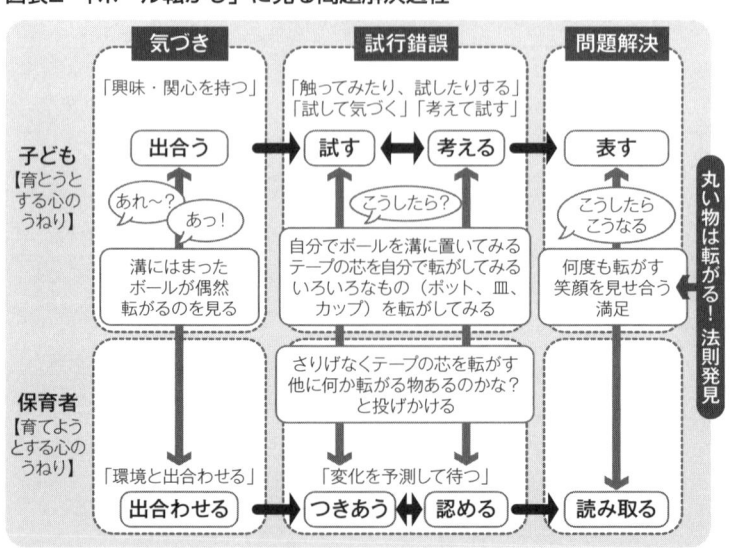

**図表2　「ボール転がし」に見る問題解決過程**

| | 気づき | 試行錯誤 | 問題解決 | |
|---|---|---|---|---|
| 子ども【育とうとする心のうねり】 | 「興味・関心を持つ」<br>出合う<br>あれ〜？ あっ！<br>溝にはまったボールが偶然転がるのを見る | 「触ってみたり、試したりする」「試して気づく」「考えて試す」<br>試す ⇔ 考える<br>こうしたら？<br>自分でボールを溝に置いてみる テープの芯を自分で転がしてみる いろいろなもの（ポット、皿、カップ）を転がしてみる | 表す<br>こうしたらこうなる<br>何度も転がす 笑顔を見せ合う 満足 | 丸い物は転がる！法則発見 |
| 保育者【育てようとする心のうねり】 | 「環境と出合わせる」<br>出合わせる | さりげなくテープの芯を転がす 他に何か転がる物あるのかな？と投げかける<br>「変化を予測して待つ」<br>つきあう ⇔ 認める | 読み取る | |

出典：［きらり保育園、2010］を基に作成

### 3. 親は子どもの観察学習のモデル

子どもは外界に対して興味・関心を抱くばかりではなく、外界の情報を吸収することにもたけている。周囲の人々を観察し、それを良しと判断すれば即自分のものにする高等な力を持ち備えている。そのため、周囲の大人が一生懸命にしつけても、子どもに言っていることと正反対のことを大人自身が行っていると、それを子どもが観察してしまい、しつけの効果は意味がなくなる。園から帰ってかばんを決められた場所に片づけ、手を洗うことを親がしなければ、子どもも「それで済むんだ」と判断してしまう。大人が子どもにしてやるということよりも、ふだん自分がどのように行動しているか、どのようなモデルになっているかが、子どもとの関わりの中に反映されると言える。観察学習のモデルとして不適切な親のあり方が子どもを混乱させることにつながるのである。

## 第2節　保育者の役割と影響

### 1. 社会的な場での子育ての意義

　子どもは幼いうちから、他の子どもから多くを学ぶことが分かってきており、保育所・幼稚園という集団の中で育つ経験を子どもたちは日々楽しみながら過ごしている。誕生直後から子どもは人と関わろうと声を上げ相手の注意を喚起し、興味を持った人の方向に向かっていく。自分と同じ子どもには、その興味がよりいっそう強まる。「共振」といって、子どもの一人がある動作をしていると、それにつられたように別の子が同じ動作をすることがよくある。また、他の子どもが見ている方向につられて自分も見るという「共同注視」もかなり早くから現れ、自分から

隣の子どもに特定の人や場所を見るように促す場合もある。新奇な人や場面に遭遇すると、自分が知っている他の子どもや保育者の行動や表情を見て安心したり、同じようにふるまったりする「社会的参照」もできる。

「集団社会化理論」は、子どもが家庭以外の集団の中で自ら学び、他と交流することを楽しむことができる存在であることを説くものである。一方で、母子密着型の関係では、子どもの豊かな能力と関心に応えきれず、子どもの育ちを阻むような事態が生まれる。一人っ子、両親と子どもという固定した関係の中ではとうてい得られないような社会的関係能力の育成を保育という場で保障することは、現代の子どもの育ちを考えるうえで重要なことと言えよう。

## 2. 社会的親としての保育者の役割

子どもの育ちには、誰が関わるかというよりも、どのように関わるかといった質が重要であり、その質の中身は、それぞれの子が出すサインに応答的に関わり、大人自身が子どものモデルとなって関わることである。しかしながら、親という身近な存在は、かえって子どもの応答性に過敏になったりむとんちゃくになったりと、親であるがゆえの欠陥も大きくなる。そのため、適度な距離感から子どもを見て、子どもの立場に立って応答的に関わることのできる「社会的親」と呼べるような立場の人が子どもにとって必要となる［柏木、2008］。

そのような代表的な立場にいるのが保育者である。保育者は、子どもが有能な学習者であることを踏まえ、その知識や技術を実践場面で生かすことが求められる。それは以下の3点に集約できる。

第1に、子どもの知的好奇心に目を向け、応答的に関わることの大切さを十分に知り得ていることである。子どもが熱中している活動自体を見守る姿勢が求められると同時に、子どもといっしょに当該活動を味わい楽しむことができることも重要である。

第2に、子どもが高度の観察学習能力を備えているということを配慮することである。観察学習のモデルとしての保育士は、子どもにしてあげるというよりも、自分自身がどう行動し、どのようなモデルとして子どもに映っているかを配慮することが重要となる。
　第3に、子どもは周囲の大人や子どもに向かって開かれている存在であることを心に留め、それを見守り支援する姿勢が重要となる。

## 3. 子ども、親の育ちを支援する保育士の役割

　子どもを保育の場で育てる関わりは、子どもの発達にも良い影響があることはすでに述べた。親への影響についてはどうだろうか。親の持つ育児不安や育児ストレスの原因は、子どもがうまく育てられないといった子どもに関するものばかりではなく、親自身が現在の生活に満足できないという自分自身の問題に帰することもできる［柏木、2008］。そのため、親自身の持つ悩みが解決しない限りは、保育者がいくら子どもの育ちについてアドバイスをしても聞く耳を持てないことが多い。そのため、子育てに関する助言やアドバイスを専門家として一方向的に行うばかりではなく、親が自分自身のことを話しやすい雰囲気や関係づくりに力点を置くことが大切になってくると言える。親のこれまでの努力をねぎらい、悩みや不安を受容・共感することも重要な子育て支援の一つであろう。保育士がカウンセリングの原則について理解し、専門家としての自負を持ち、親自身の相談を進めていくことが求められる。
　また、子どもや親との関わりを考える際にはコンサルテーション（援助者と相談者が、抱えている問題を協力し合い解決すること）を意識することも重要である。子どもの発達上の問題について、医療的な視点が必要な場合も多い。さらに、家庭内でのトラブルが子どもを巻き込み、虐待に至るケースもある。医療、福祉機関との連携により支援が行き届くケースも多いため、保育士は巡回の相談員や他機関の専門家と連携を図りながら子どもや親を支援することが重要となる［吉川、2002］。

## 第3節　保育者を取り巻く環境の問題

### 1. 家庭の機能の変化

　家電製品の普及によって家事が楽になったことや、女性にも職業選択の道ができたことなどにより、夫婦共働きの家庭数が、夫だけが稼ぎ手である家庭数を上回るほどになっている。しかし、家事は女性の役割であるというジェンダー（社会的性差感）感が依然として根強く、女性自身もそのように考えていることが多い。家事や育児が最優先であり、支障が出ない程度にパートで働く、もしくはそれを周囲が要求することも少なくない。もちろん、この考え方は企業にも根強くある。このような状況が続けば、女性は結婚や子育てと働き続けることとを天秤にかけるようになることも容易に想像できる。これが晩婚化・少子化の原因になっているとも言えよう。しかし実際には、フルタイムで働く女性のほうが、無職の女性よりは育児ストレスが少ないことも分かっており、仕事と家事・育児を両立させているほうが心理的安定は維持されるのである。

　さらに、柏木惠子は、家族の形成に関わる結婚の価値や夫婦関係にも社会が侵入したと指摘している［柏木、2008］。女性は職業に就くことにより、自力で生活できるようになっている。女性の有職化・高学歴化によって、男性と対等の関係が築かれつつある。しかし、女性を取り巻く周囲の人々は、家事や育児は女性が担当するものだという価値観を強いることもあり、退職に追い込まれることも少なくない。こうなると、女性は夫に対して不平等感をつのらせ、自分と夫との落差への不満を蓄積していくことになる。同時に、結婚や出産は女性にとって不利に働くという価値観が生まれる。

## 2. 保育所の意義の変化と期待

　とかく女性は個を大切にする時間の確保のために、また子どもをより良く育ててもらう場所として保育所・幼稚園を位置づけているように思われる。このような位置づけは、両親が保育所・幼稚園に期待する内容から如実に見てとれる。保護者が期待している保育内容は、知的側面を強調したもののようである（**図表3**）。子どもが男児であると、母親は学業に関連する期待を持ちやすいことも明らかとなっている。思春期、青年期になってから生じる問題の一つである不登校や引きこもりは男子に多い傾向があり、このことと、良い大学や良い企業へといった進学・就職圧力が男子により強くかかっていること、それが幼少期から続いていることとは、なんらかの関係があることが考えられる。

　保育者を取り巻く環境の変化から、家庭が保育所・幼稚園、保育者に期待する内容は多岐にわたることが分かる。保育者は親の期待や要望に目を向けながらも、それが子どもの育ちにとってどのような影響を与えているのか、子どもの育ちを阻害していないかを考えながら日々の保育を進めていくことが大切である。

図表3　両親の幼稚園・保育所への期待（年中・年長）

| | 年中 | | 年長 |
|---|---|---|---|
| 父親 | 学習への期待<br>・ひらがなの読み書きができるようにしてほしい<br>・英語に慣れるように促してほしい | 父親 | 授業態度への期待<br>・落ち着いて座っていられるように促してほしい<br>・おしゃべりをしないで先生の話が聞けるように促してほしい |
| 母親 | 対外活動積極性への期待<br>・新しいことや何に対しても興味を持つ機会を与えてほしい<br>・困った友達を見たとき、慰めの気持ちが持てるように促してほしい | 母親 | 基本的生活習慣への期待<br>・あいさつや返事をできるように促してほしい<br>・物を大切に扱うことを教えてほしい |

出典：［菊池ほか、2011］を基に作成

## 第4節　保育者自身が抱える問題

### 1. 夫婦の問題

　母親の心理的安定には、夫婦関係に満足しているかどうかが密接に関係している。母親の不満や不安は、単に自分だけが育児を担っているということだけに帰するものではなく、夫婦関係のケアをも母親が担っていることからくる夫婦の問題にも影響を受けるようだ。平山順子は、夫と妻がどの程度ケアを行っているかについて回答を求め、夫と妻のケアの遂行度を比較している［平山、1999］。この研究結果によると、妻が圧倒的にケアを行っており、夫はケアを受ける立場にいるという（**図表4**）。育児が妻に偏っていることはこれまで見てきたとおりだが、本人どうしの意思によってできるはずの夫婦間ケアまでもが妻に偏っているということが、妻の否定的感情をつのらせる原因にもなっている。

### 2. 複数の役割を持ち主体的に生きることの重要性

　人間にとって、複数の役割を主体的に担うことは、一つのことを集中的に行う場合よりも、その人がその人らしく人生を送る重要な鍵となる

**図表4　家族メンバー間のケア関係**

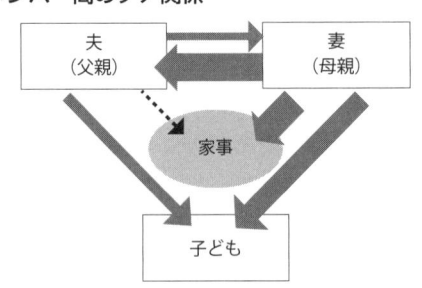

出典：［平山、1999］を基に作成

[柏木、2008]。仕事を終えて、保育所に子どもを迎えに行き、家庭では妻や母親として異質の役割を担う。このような複数の役割は、子育てだけを担うよりも精神的健康を保つことにもつながる。

　しかし、複数の役割が精神的健康に良い効果をなすためには、複数の役割に主体的に関わることと、その量が適度でなくてはならない。何に対して主体的に関わるか、またその量は、個人によってさまざまである。この両者のバランスが崩れると、母親である自分と一個人の女性として確立した生き方が対立関係となる。それが、夫への不満や子どもへの過度の介入、むとんちゃくな反応と関係してくるのだろう。

　さらに、この構図を夫に当てはめてみるとどうだろうか。伊藤裕子らは、仕事が認められ昇進した、収入が良くなったという職業上のみの要因が男性の幸福感や充実感を規定しており、結婚や夫婦の満足度はほとんど幸福感に関係しないことを明らかにしている［伊藤ほか、2004］。逆に言えば、仕事の失敗や収入の減少といったことが生じれば、夫は精神的健康の維持が難しくなる。

　現代では、育児を父親が担う家庭も増加しているが、母親と同様の混乱や不安を抱えることも分かっている［菊池・柏木、2007］。育児だけという立場に置かれれば、男性も同様に不安を感じるのである。一方で、育児体験が仕事人間であった自分の人生を変えてくれたという父親の報告もある［土堤内、2004］。

　こうしてみると、男性、女性両者とも、同じ状況に置かれると同種の不安や焦燥感を感じるようである。そして、男性も女性も複数の役割を担うことで、お互いの不安や悩みが理解できると言い換えることもできる。仕事（ワーク）と生活（ライフ）のバランスが崩れた状態が続けば、大人としての発達が閉ざされ、子どもが育つ環境にも悪影響が及ぶ。育てる側がいきいきと生活していないのでは、安定した気持ちで子どもを育てることはできない。

## 3. 保育士として抱える問題

　磯野富美子らは、家にいても休まらない、自分の趣味が思うようにできない等の家庭の安寧度が保育士のメンタルヘルスに影響を与えるとしているが［磯野ほか、2008］、保育士として抱える問題は親が抱く不安や不満と共通する点が多い。それに加えて、保育士が抱える特有の問題もあるだろう。磯野らによれば、保育士の仕事に対する意欲は一般の勤労女性よりも高く、同時に抑うつ傾向にある者も多いという結果が出た。さらに、仕事の質、量的負担によって仕事に対する意欲が左右されるというよりは、職場の組織、人間関係の良好さによって保育士の精神的健康が影響を受けることも分かった。保育士に求められる支援・援助は、園内での話し合い、コンサルテーション、保護者との協力によって実現できるものであるため、職場環境のよしあしは、子どもや親の援助に直接影響を与えるものとなる。

　また、現場の保育士の悩みには、気になる子どもにうまく対応ができないといったこと、子どもに関わる際に必要な知識が欠如していることへの不安、親とのコミュニケーションの問題を抱えていることも多い［堀田ほか、2011］。

　このように、保育士は、自分自身の生き方に関する問題も抱えつつ、通常よりも職場内での職員間のコミュニケーションを必要とすることからくるストレス、子ども支援に関する知識、親からの期待といった多くの期待に応えなくてはならず、不安を抱えながら生きていると言えよう。

## 4. まとめ

　本章では、子どもを取り巻く人的環境を、子どもに直接的影響を与える保育者、間接的影響を与える保育者を取り巻く社会や環境の問題から捉えた。昨今では、親自身が親として子育てを担う意識の低下も見てとれることを配慮すると、子どもの育ちのみならず親の育ちにも目を向け

て考える必要が出てきた。今後親の子育て観について保育者を取り巻く社会や環境の問題を十分配慮しながら把握し、それに見合った保育のあり方を考える視点も必要となるだろう。いずれにしても、親自身が生きているという実感や、自身の将来への希望を持っていることで初めて、子どもに向き合う気持ちの余裕と、子どもをありのままに受容し応答的な態度で接することが可能となる。同様のことは保育者にも通ずる。子どもの健やかな発達に影響を与える人的環境としての保育者、すなわち大人の発達も子どもの発達を考える際の重要な課題であり、子どもも大人も育つことのできる社会のあり方を考えていくことが必要であろう。

【演習課題】

グループで討議し、意見をまとめてレポートしてみよう。
1. 子どもの育ちに適切な人的環境のあり方についてまとめてみよう。
2. 親、保育者を取り巻く環境の変化は、親、保育者の生き方にどのような影響を及ぼしたと言えるだろうか？
3. なぜ保育者自身の問題を考えることが、子どもの育ちを考えることになるのだろうか？

【引用・参考文献】

磯野富美子・鈴木みゆき・山崎喜比古「保育所で働く保育士のワークモチベーションおよびメンタルヘルスとそれらの関連要因」(社) 日本小児保健協会『小児保健研究』67 (2)、2008年、pp.367-374

伊藤裕子・相良順子・池田政子「既婚者の心理的健康に及ぼす結婚生活と職業生活の影響」『心理学研究』75 (5)、2004年、pp.435-441

L・ヴィゴツキー（柴田義松監訳）『文化的・歴史的精神発達の理論』学文社、2005年

岡本依子・塚田-城みちる・菅野幸恵『エピソードで学ぶ乳幼児の発達心理学——関係のなかでそだつ子どもたち』新曜社、2004年

柏木惠子『子どもが育つ条件——家族心理学から考える』岩波新書、2008年

菊池知美・松本聡子・菅原ますみ「幼稚園・保育所に対する両親の期待：年中時から年長時への縦断的変化」日本発達心理学会『発達心理学研究』22、2011年、pp.55-62

菊池ふみ・柏木惠子「父親の育児——育児休業をとった父親たち」『文京学院大学人間学部紀要』第9巻1号、2007年、pp.189-207

きらり保育園「0歳からはじまる"こころのうねり"」『ソニー幼児教育支援プログラム論集』2010年

D・スターン（小此木啓吾・丸田俊彦訳）『乳児の対人世界——理論編』岩崎学術出版社、1989年

土堤内昭雄『父親が子育てに出会う時——「育児」と「育自」の楽しみ再発見』筒井書房、2004年

平山順子「家族を『ケア』するということ」日本家族心理学会『家族心理学研究』13 (1)、1999年、pp.29-48

堀田千絵・花咲宣子・堀田伊久子・岩原昭彦「クラス別観点による園児および親に対する保育士の認識と支援の実態」『第58回日本小児保健協会学術集会講演集』2011年、p.163

吉川はる奈「保護者との連携への支援とコンサルテーション」東京発達相談研究会・浜谷直人編著『保育を支援する発達臨床コンサルテーション』ミネルヴァ書房、2002年、pp.188-197

# 第5章

# 子ども相互の関わり方の発達

福田　真奈

## 第1節　仲間関係の中で育まれるもの

### 1. 仲間関係——子どもの相互の関わりの意義

　仲間関係とは「同年齢で立場がほぼ等しい幼児、児童、生徒間の人間関係」と定義され、交友関係、友人関係と呼ばれることもある［中島ほか、2006］。少子化、核家族化、都市化などが進み、生活環境が変化した現代の子どもにとって、兄弟や子どもたちどうしの相互作用は、社会性の発達を遂げていくうえで重要である。

　また乳幼児は幼稚園や保育所に入園することによって、今までの家庭とは異なる環境で生活することになる。すなわち家庭では両親や兄弟といった少人数の生活であり、相互作用の範囲が比較的限定していた。しかし園では同年齢あるいは異年齢の子どもたちと集団生活を経験することになる。仲間とのやり取りの中で、子どもはいつも自分の意見や考えを押し通すだけではなく、ときには相手の意見を受け入れ、我慢することや、仲間の気持ちに気づき、集団の中におけるルールを守ることを学んでいく。仲間関係の中で育まれるものとして、岡野雅子は「自己抑制・自己主張」「思いやり・共感」「社会的ルールの理解」「イメージの共有」「役割の設定」「コミュニケーション能力」「問題解決能力」を挙げている［岡野、1996］。

### 2. 遊びの中で見られる仲間関係の発達

　遊びの中で仲間との関わりがどのように発達するのかを観察したのはパーテン（M. B. Parten）である。子どもの自由遊びを観察し、2～4歳までの遊びの発達を6つに分類している［Parten, 1932］。専念しない行動（ぼんやりしている）、一人遊び、傍観、平行遊び、連合遊び、協同遊び

の6分類である(**図表1**)。また加齢に伴う仲間との遊び形態の変化に注目した(**図表2**)。

2歳台では平行遊びや一人遊びが多い。同じ遊びをいっしょにしているように見えるが、この時期の遊びの多くは平行遊びであり、近くで遊んでいても共通のテーマを共有して遊ばず、傍らで遊んでいるのである。2歳台で見られた一人遊びは加齢に伴い減少していき、平行遊びも減少する。それに代わって協同遊びや連合遊びが3歳以降に増加してくる。

このように、乳幼児期の遊びは、自分一人の遊びから他者の遊びを観察するようになり、他の子どもと同じような遊びをしながら共通の目的を持ち、役割分担するなど協同していくことが見受けられる。

パーテンは一人遊びを低いレベルの遊びとみなしていたが、幼児が一人で遊ぶことは、年長児であっても、集中して製作をしていたり、じっくりと絵本を読んでいる姿も見受けられる。パーテンの研究に対してスミス(P. K. Smith)は、一人遊びは未熟な形態でも発達段階を示すもので

**図表1　パーテンによる遊びの6分類**

| | |
|---|---|
| 専念しない行動 | 遊んでいるのではなく、ぼうっと見ているような行動である。先生の後をついて歩いたり、ある場所に座って部屋を見回している。 |
| 一人遊び | 他の子どもと話ができる距離にいるが、他の子どもとは違うおもちゃで一人で遊んでいる。他の子どものしていることに関係なく、自分の活動を追求している。 |
| 傍観 | 他の子どもの遊びを見てほとんどの時間を過ごしている。見聞きできる距離にいて、観察している子どもに話しかけたり尋ねたりするが、他の子どもの遊びに参加することはない。「ぼんやりしている」との違いは、特定のグループの子どもたちを観察していることである。 |
| 平行遊び | 子どもは他の子どもの傍で同じようなおもちゃで遊んでいても、他の子どもの遊びに関心を示さず、自分の遊びに夢中になり一人で遊ぶ。 |
| 連合遊び | 集団遊びの一つである。共通の活動・興味があり、おもちゃの貸し借りや遊びに関する会話がある。遊びの役割分担や組織化はまだ見られない。 |
| 協同遊び | リーダーがいて役割分担したり、組織化されたグループの中で遊ぶ。ある物を作ろうとか、ある目標を達成しようとする目的がある。 |

出典:[Parten, 1932]を基に作成

はなく、年少児から年長児に至るまで認められ、パーテンの一次元的な図式が当てはならないことを明らかにしている［Smith, 1978］。また、ルビンらは、遊びの内容によっては年長児でも一人遊びが見られることを示し、むしろ平行遊びのほうが未熟な行動形態であるとした［Rubin et al.,1978］。近年では、一人遊びが必ずしも発達的に遅れているわけではないことや、社会的不適応をもたらすわけではないことが指摘されている［大内・桜井、2005］。子どもの遊びは、一人で遊んでいるのか、集団で遊んでいるのかという形態の視点のみで評価するのではなく、その遊びの活動内容を捉え直して考えていく必要がある。

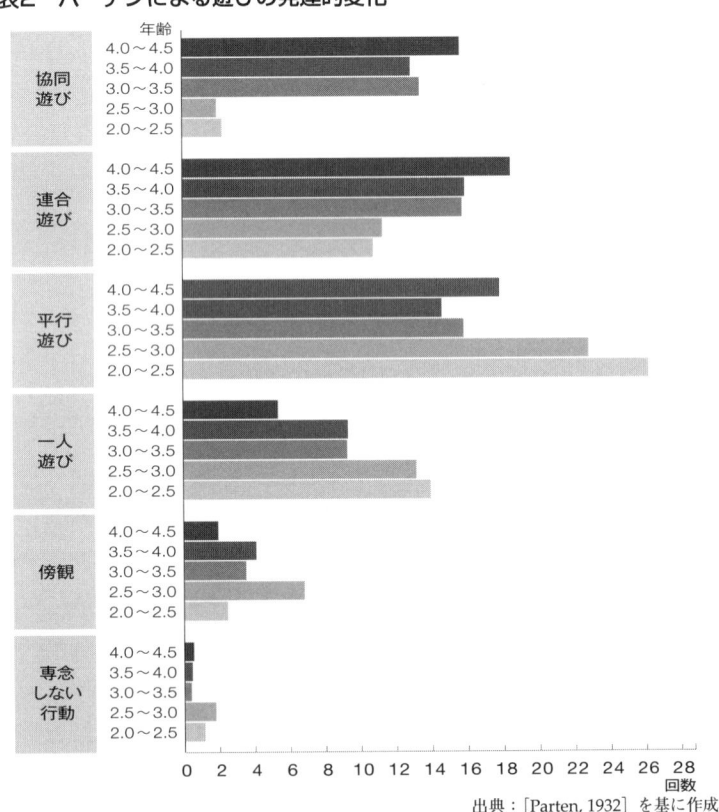

**図表2　パーテンによる遊びの発達的変化**

出典：［Parten, 1932］を基に作成

## 3. 集団生活の中での自己の形成

　仲間集団の中でのやり取りが子どもの自己の形成に影響を与えている。子どもは集団生活の中で葛藤状況を経験し、いつも思いどおりになるとは限らないこと、他者にもさまざまな気持ちがあることを理解していく。
　柏木惠子は、教師による評定により、幼稚園児の〈自己主張・実現〉と〈自己抑制〉の年齢的変化を調べている（**図表3**）。〈自己主張・実現〉の側面と〈自己抑制〉的な側面は、3〜6歳にかけて加齢に伴い上昇するが、発達のスピードが異なっている。
　〈自己主張・実現〉は、3〜4歳にかけて急激な上昇をするが、その後は横ばい状態になる。これは、自己主張し始めた子どもに対して、家庭や集団生活の場でしつけが行われ始めることとも関連している。一方〈自己抑制〉は、3〜7歳にかけて一貫して伸び続けるが、全ての年齢を通して、女児のほうが男児よりも得点が高い。これは、一般社会が女性に期待する特性に「従順」などの自己抑制に関連するものが見られ、女

**図表3　自己主張と自己抑制の発達**

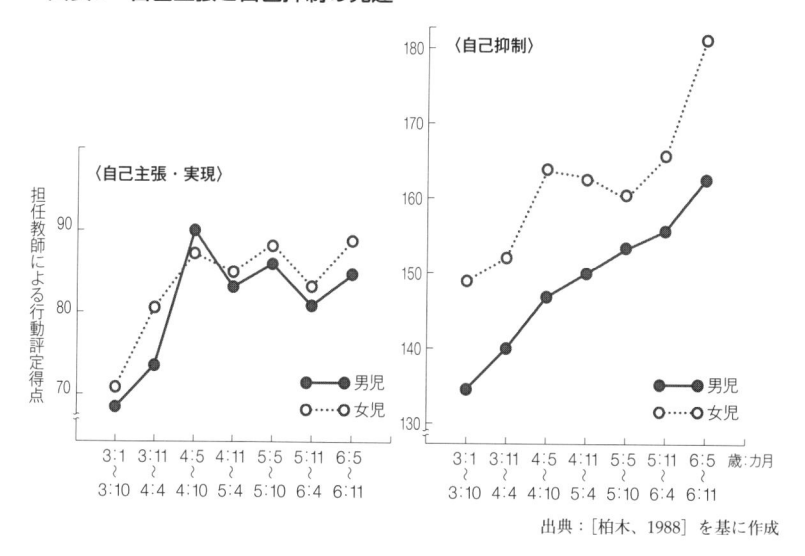

出典：［柏木、1988］を基に作成

児の自己抑制の高さには社会の性役割期待が関連していると考えられる。また、養育者のしつけ方略との関係性も見いだされている。子どもへの介入・干渉・過保護の養育態度と、自己を抑制する力および自己主張する力との間に負の相関があるという。

さらに、周囲の大人や社会が子どもにどのような発達や対人関係を期待するかといった発達期待や、実際に子どもにどのように対応するかも影響を与えるのである。このように、子どもは仲間とのやり取りの中で、自分で自分の行動をコントロール（自己制御）することによって、友達とどのように接したらよいかという対人関係のルールを学び、社会性を身につけていくのである。

## 第2節　乳幼児期の社会的スキル

### 1．社会的スキルとは何か

　前節で示したように、子どもたちは仲間関係や遊びの中で、他者との上手なやり取りの仕方、いわゆる「社会性」を身につけていく。
　社会的スキル（social skill）の定義はさまざまあるが、対人関係を円滑に運ぶための技能である。そして幼児期以降、対人関係が拡大するにつれ、社会的スキルは量・質ともに多様さを増してくると言われている［菊池・堀毛、1994］。幼児の社会的スキルおよび問題行動を教師が評定できる質問紙が作成されている（**図表4**）。社会的スキルには、「主張スキル」が5項目、「自己統制スキル」が4項目、「協調スキル」などの3項目があり、対人関係を円滑に運ぶための具体的なスキルであることが分かる。

**図表4 社会的スキルと問題行動の質問紙**

| 社会的スキルの質問項目 | |
|---|---|
| Ⅰ.<br>主張<br>スキル | ・自分から仲間との会話をしかける。<br>・友達をいろいろな活動に誘う。<br>・不公平なルールには適切なやり方で疑問を唱える。<br>・簡単に友達をつくる。<br>・不公平な扱いを受けたと感じたら、教師にそのことをうまく話す。 |
| Ⅱ.<br>自己統制<br>スキル | ・仲間とのいざこざ場面で、自分の気持ちをコントロールする。<br>・仲間と対立したときには、自分の考えを変えて折り合いをつける。<br>・批判されても、気分を害さないで気持ちよくそれを受ける。<br>・仲間から嫌なことを言われても、適切に対応する。 |
| Ⅲ.<br>協調<br>スキル | ・言われなくても教師の手伝いをする。<br>・教室での活動に自分から進んで仲間の手伝いをする。<br>・園にある道具や教材を片づける。 |
| 問題行動の質問項目 | |
| Ⅰ.<br>不注意・<br>多動行動 | ・不注意である。<br>・注意散漫である。<br>・そわそわしたり、落ち着きがない（多動である）。<br>・決まりや指示を守らない。 |
| Ⅱ.<br>引っ込み<br>思案行動 | ・寂しそうにしている。<br>・仲間との遊びに参加しない。<br>・他の子どもたちといっしょにいるときに不安そうである。<br>・一人遊びをする。<br>・悲しそうであったり、ふさぎこんだりする。 |
| Ⅲ.<br>攻撃行動 | ・他の子どもがしている遊びや活動のじゃまをする。<br>・人や物に攻撃的である。<br>・他の子どもと口論する。<br>・かんしゃく持ちである。 |

出典：[中台・金山、2002] を基に作成

## 2. 子どもの仲間関係の地位──社会的地位

　ソシオメトリックテストは仲間関係内の対人関係・地位を測定・分析するものであり、これによって子どもが互いにどのような感情の結びつきを持っているのか、日常観察では見落としがちな子どもどうしの関係性を理解するとともに、対立や排斥、孤立児や拒否児の特定にも用いられてきた。

　ソシオメトリックテストには指名法と評定法の2つの方法がある。指名法は、クラス集団の中で好きな子と嫌いな子は誰かを直接尋ねる方法

である。好きな子を指名することを選択、嫌いな子を指名することを排斥という。評定法は、クラスの全員について好きか嫌いかを評定させる方法である。ただし、ソシオメトリックテストを実施する際には、子どもの人権侵害等の問題が起こらないように十分な配慮が必要である。

クーイ（J. D. Coie）らによれば、社会的地位は4つまたは5つに分類される［Coie et al., 1982］。タイプⅠは、クラスから選択された数が多くて人気のある子どもである。タイプⅡは、被選択数も被排斥数も少ない子どもで、無視される子どもである。タイプⅢは、被選択数が少なく、被排斥数が多いので嫌われる子どもである。タイプⅣは、被選択数も被排斥数も共に多い子どもで、仲間から評価の分かれる敵・味方の多い子どもである。仲間集団が大きい場合には、被選択・被排斥が中程度の子どもをまとめて「平均的な子ども」というグループを設けることもある。

## 3．社会的地位と社会的適応との関係

田中熊次郎によれば、幼児が好きな友達を選ぶ際には、相互的接近（住所が近い、いつも遊ぶ）や同調的愛着（好きだから、感じが良いから、親切で優しいから）などの感情的融合の要因が目立つと示されている［田中, 1975］。しかしそれ以上に、仲間とどのようにやり取りをするのかが重要であり、良好な仲間関係が築ける子どもと築けない子どもの社会的スキルを比較する研究が数多く行われている［アッシャー＆クーイ, 1996］。

仲間評定法を用いて、仲間からの拒否と子どもの社会的行動が関係しているのかを検討した研究では、「よくけんかをする」「自分の思いどおりにならないとすぐ怒る」というような攻撃的な行動を示す行動が仲間から拒否されやすいという結果が示されている［前田・片岡, 1993］。また引っ込み思案な子どもは、仲間から拒否されたり、孤立しやすいという結果も示されている［アッシャー＆クーイ, 1996］。

## 第3節　仲間関係のつまずきに対する指導

### 1. 社会的スキルトレーニング

　仲間関係が築けない子どもに対する援助法として、社会的スキルトレーニングが考案され実践されている［マトソン&オレンディック、1993］。この技法には、①言語教示、②モデリング、③ロールプレイ、④ウォームアップ、⑤強化、⑥コーチングなどさまざまな技法がある。

　引っ込み思案幼児の社会的スキル訓練［佐藤ほか、1993］では、仲間遊びに加われない幼児を対象に、仲間入りに際しての言葉がけなどの教示を含んだコーチング法により社会的孤立行動が出現しなくなった。

　仲間遊びが持続しない幼児の社会的スキル訓練の研究［前田・石川、1995］では、①表情を柔らかくし、友達に笑顔で接する、②仲間遊びへの参加と応答、③遊びの提案をしたり、仲間を遊びに誘う、④友達とトラブルが生じたとき、先生に頼ったり泣いたりしないで自分で解決しようとする、⑤アイコンタクト等が行われていた。このような社会的スキルトレーニングは、なんらかの社会的不適応を示す子どもに対して個別的に小集団で行われてきている。しかし昨今では予防的・教育的な観点からクラス単位での集団社会スキルトレーニングも行われてきている［藤枝・相川、1999；福田、1998］。保育者が社会的スキル指導を行っている実践［立元ほか、2003；福田、1998］もあるがまだ少ない。幼児期の段階で早期に社会的スキルの問題を改善するほうが仲間関係への適応が高まりやすいことからも、乳幼児期における社会的スキルの形成を重視し、保育場面において実践がさらに積み重ねられていく必要がある。

## 2. 仲間集団の問題点

　社会的スキル介入によって対象児の問題行動が改善されても、他児が社会的スキルトレーニングを受けていないために、対象児の行動上の変化を認知しにくく、フィードバックを与えにくく［藤枝・相川、1999］、一度仲間から否定的な評価を受けてしまった子どもは、その評価を回復するのは困難である。つまり、子どもを取り巻く仲間関係の認知をも変容する必要性があることを示唆するものである。

## 3. 保育の場における仲間関係への関わり方の指導

　子どもたちの仲間関係づくりを保育者がどのように意図して援助していけばよいのか。子どもの年齢や性格、子どもたちの相互作用も影響するため、一概には言えない。しかし、最初から仲間関係の形成のみに目を向けてしまうより、子どもたちが園にいることで安心でき、楽しく、居心地が良いと感じられる環境づくりが大事であろう。また、子どもたちどうしが思いどおりにいかずにけんかしたときなど、何かあったら保育者の元へ戻ってこられるように、保育者が「安全基地」として機能していることも重要である。保育者は親しい仲間関係を築くこと、仲間関係を広げる配慮も必要であるが、一人遊びを見守ったり、子どもがイメージを豊かにして、遊びを膨らませるように配慮すれば、子どもは安心して遊びに没頭できるであろう。心情や意欲がない態度を形成しても、その場限りのものでしかない。さまざまな葛藤を体験し、集団生活の中で子どもが仲間と関わる楽しさを感じ、友達と遊びたい、関わりたいと思う心を育てることが、子どもたちの人間関係の形成につながっていくのではなかろうか。

【演習課題】
　1. 3歳児クラスに入園したばかりの引っ込み思案の女児Aちゃんは、

なかなか友達の輪の中に入っていけず、友達の遊んでいる姿を見ているだけである。どのような支援が可能か考えてみよう。
2. 5歳児クラスのB君は、保育の活動の中でいつも自分が一番になりたがる。一番になれなかったときには怒り出し、友達をたたいてしまうこともある。どのような支援が可能か考えてみよう。
3. ふだんはおしゃべりが達者な4歳児クラスのC君は、けんかになると、言葉で気持ちを伝えられず友達をたたいてしまう。そのため、友達から乱暴なC君と言われている。どのような支援が可能か、C君と他児を視野に入れて考えてみよう。

【引用・参考文献】

S・アッシャー、J・クーイ（山崎晃・中澤潤監訳）『子どもと仲間の心理学——友だちを拒否するこころ』北大路書房、1996年

岡野雅子「仲間関係の発達」佐藤眞子編『人間関係の発達心理学2：乳幼児期の人間関係』培風館、1996年、pp.103-130

大内晶子・桜井茂男「就学前児における非社会的遊びと社会的適応との関連」『筑波心理学研究』30、2005、pp.51-61

柏木惠子『幼児期における「自己」の発達——行動の自己制御機能を中心に』東京大学出版会、1988年

菊池章男・堀毛一也編『社会的スキルの心理学—— 100のリストとその理論』川島書店、1994年

佐藤正二・佐藤容子・高山巖「引っ込み思案幼児の社会的スキル訓練」『行動療法研究』19（1）、1993年、pp.1-12

立元真・中原久代・郡司まり子・高松まゆみ・横山登・青獏二「幼稚園と小学校高学年の交流活動において幼児に社会的スキル指導を行った教育実践研究」『宮崎大学教育文化学部附属教育実践総合センター研究紀要』10、2003年、pp.91-100

中台佐喜子・金山元春「幼児の社会的スキルと孤独感」『カウンセリング研究』35、2002年、pp.237-245

田中熊次郎『児童集団心理学〔新訂版〕』明治図書、1975年

中島常安ほか編『発達心理学用語集』同文書院、2006年

福田真奈「行動モデルの提示が幼児の社会的スキルの変化に及ぼす効果」『日本教育心理学会第40回総会大会論文集』1998年、p.118

藤枝静暁・相川充「学級単位による社会的スキル訓練の試み」『東京学芸大学紀要第1部門』50、1999年、pp.13-22

前田健一・石川奈緒美「仲間遊びが持続しない幼児の社会的スキル訓練研究」『愛媛大学教育学部紀要教育科学』41 (2)、1995年、pp.39-53

前田健一・片岡美菜子「幼児の社会的地位と社会的行動特徴に関する仲間・実習生・教師アセスメント」『教育心理学研究』41 (2)、1993年、pp.152-160

J・L・マトソン、T・H・オレンディック（佐藤容子ほか訳）『子どもの社会的スキル訓練――社会性を育てるプログラム』金剛出版、1993年

J. D. Coie, K. A. Dodge & H. Coppetelli, "Dimentions and types of social status: A cross-age perspective", *Developmental Psychology*, 18, 1982, pp.557-570

M. B. Parten, "Social participation among pre-school children", *Journal of Abnormal and Social Psychology*, 27, 1932, pp.243-249

K. H. Rubin et. al., "Free-play behaviors in preschool and kindergarten children", *Child Development*, 49, 1978, pp.534-536

P. K. Smith, "A longitudinal study of social participation in preschool children : Solitary and parallel play reexamined", *Developmental Psychology*, 14, 1978, pp.651-657

# 第6章

# 自己意識の発達

谷口　明子

## 第1節　自己意識の芽生え

　「やだ。自分でやる」「自分で！」——差し伸べられた大人の手を払いのける幼児の姿は、誰でも目にした覚えがあるだろう。2～3歳になると、大人の言うことに耳を傾け、差し伸べられた援助の手をすなおに受け入れていたそれまでとは一転して、強固な自己主張を始める。この時期は一般に第一反抗期と言われ、子どもが他者とは異なる欲求を持つ存在としての「自分」という存在を自覚した「自己意識の芽生え」の時期とされてきた。しかし昨今では、発達のより早期から自己についての意識は芽生え、他者や物と関わりながら発達していくと考えられている。以下では、自己意識の発達の道筋を、関わりの文化的特徴にも触れながら見ていこう。

### 1．自己意識とは何か

　自己意識には行為の「主体」としての自己（＝I）と、自分についてのイメージや考え方を内面化した「客体」としての自己（＝me）の2つがある。自己という存在を意識化するには、他者や物とは異なる存在として自分の存在を認識することが必要になる。
　梶田叡一は、自己意識の発達の大まかな道筋を次のように記している［梶田、1989］。
　(1) 自分自身について何の気づきもない状態
　(2) 自分自身とその他のものとの区別ができるようになる
　(3) ある程度の区別はできるが、まだ自他が未分化な感覚が残る
　(4) 自他が分離し、自らを試行や行動の準拠枠とできる
　(5) 自分自身を連続的で一貫性のあるものとして意識する
　(6) 自己意識の強化と、自己へのとらわれからの解放の2極分化が生

じることもある
(7) 自己意識の消滅（死）

ここに示された (3) は自己意識の芽生えの段階であり、(4) が自己主張が表れてくる反抗期、そして (5) がエリクソン（E. H. Erikson 1902～1994）が言うところの青年期の自我同一性の確立に相当すると考えてよかろう。

## 2. 身体的自己

生後3～4カ月頃の赤ちゃんを見ていると、自分の目の前に手をかざしてじっと見つめる行動が観察されることがあるが、この行動はハンドリガードと呼ばれる。他にも、足や指を繰り返ししゃぶったり触れたりと、自分の身体の感触を確かめるような行動も見られる。こうした行動を繰り返すうちに、子どもは自分の身体について理解するようになる。

自分が身体を動かす能動的感覚と、動いている身体を受ける受動的感覚を結びつけて理解できるようになることで、自分の意思で動きをコントロールできる自分の身体という感覚につながっていく。こうして、自分の身体以外のものと区別された「身体的自己」［柏木、1983］の認識が始まると考えられている。

## 3. 鏡映自己

自分の身体が自分のものであるという感覚が確立していくと、自分自身を客体化して見ることが始まる。客体としての自己意識は、鏡に映った自分の姿を自分自身であると認識できるかどうかによって確認できる。

生後1年未満の赤ちゃんに鏡に映った自分の姿を見せると、自分ではない他人がそこにいると認識しているかのように、鏡の中の自分に向かってほほえみかけたり手を伸ばしたりといった反応を示す。この鏡の中の自己像の捉え方に大きな変化が見られるのは、1歳半～2歳頃である。子どもの額に気づかれないよう印をつけて鏡を見せたときに、子どもが鏡の像の印を触ろうとするか、自分の額の印に手を伸ばしたりはが

したりしようとするかによって、鏡に映っているのが自分であると認識しているかどうかを確認する課題をマーク・テスト（またはルージュ・タスク）と呼ぶが、この課題を通過するのがだいたい1歳半以降と言われている［庄司、1989；山口、1994］。2歳頃になると、7割くらいの子どもが鏡に映っているのは自分であると理解するようになり、鏡の前でポーズをとる姿も見られるようになる。

## 4. 自分の名前の理解

　鏡に映った自分という視覚的自己の認識の後、言葉の獲得が始まる2歳近くなると、自分の名前が自分だけに付けられたものであることが分かるようになる。生後1年未満の赤ちゃんにも、名前を呼ばれると笑うという反応が見られることがあるが、他の子の名前で呼んでも同じように笑い、自分の名前の固有性には必ずしも気づいていないと考えられる。名前を呼ばれると自分のことを指さしたり、自分の名前を呼ばれたときにだけ振り向いたり返事をしたりするようになるのは、だいたい1歳半〜2歳頃と言われる。

　また、名前の意識ができるようになると、所有の意識も芽生えてくる。自分のおもちゃを使おうとする他の子に対して「○○チャンの！」と言っておもちゃを取り上げる姿が見られるようになる。

## 5. 第一反抗期

　本章冒頭に述べたような「いや！」「だめ！」「自分で！」という自己主張は、親の思惑とは異なる自分の意思や欲求の明確な表現である。それまでは、子どもにとって親は自分とは未分化の存在であり、親の言うことをそのまま自分の意思として従順に取り入れてきた。それが親の意図とは関係なく、自分の意思を強くぶつけてくるようになる。親にとっては「扱いにくい」と感じられ、育児ストレスやいらだちを感じることも多くなる。

しかし、反抗期は母親たちにとって、否定的なものとしてのみ経験されているわけではない。近年の研究では、母親たちは子どもの反抗期について、「いらだち」や「手がかかる」いった否定的な捉え方とともに、「成長した」「ほほえましい」「頼もしい」といった肯定的な捉え方もしていることが示され、両価的な評価をしていることが報告されている［Ujiie, 1997；坂上、2002］。母親たちが感じているように、反抗期は、親とは異なる意思を持つ存在としての自己を認識するようになったという発達の現れであり、自分の力で物事に挑戦しようという自主性の現れという、ポジティブなものと考えられる。反抗期は、子どもの自己意識の発達という観点から見ると、順調な発達の一つの指標とも言える。

## 第2節　自己意識の発達と他者との関係

### 1. 自己理解

　子どもたちは「自分」という存在をどのように理解しているのだろうか。「自分はどのような人か？」という問いに対して、児童期初期には、「髪が長い」などの容姿の特徴や具体的な行動傾向、所有している物、社会的役割といった身体的・外面的特徴について多く回答されるが、青年期にかけての発達プロセスの中で「優しい」「算数が得意」「努力家」などのパーソナリティ特性や習慣的行動、態度などの心理的・内面的特徴についての回答が増えてくることが知られている。

　デイモン（W. Damon）とハート（D. Hart）は、幼児に「自分のどういうところが好きですか」「どんな人になりたいですか」という質問を投げかけ、その回答について検討した。**図表1**のように、回答を「身体的自己」「行動的自己」「社会的自己」「心理的自己」の4つのカテゴリー

に分け、4つのレベルを設定して、その発達的変化を捉えている。ここでは、自己意識の発達的変化は、例えば「身体的自己」から「心理的自己」へ移行するというような内容の移行としては捉えられておらず、幼児期でも4つのカテゴリー全ての自己意識を持っていると考えられている。発達的変化は各カテゴリーのレベルの向上として捉えられ、「身体的自己」「行動的自己」「社会的自己」「心理的自己」の4つが関連し合いながら自己意識の発達が展開するのである。

デイモンとハートの自己理解モデルを基に日本における幼児期から児童期の自己理解の発達を検討した研究によれば、5歳児でも「優しい」「おりこう」「いい子」等のパーソナリティ特性を表す言葉を使って自分のことを表現できることが示唆されている［佐久間ほか、2000］。また、5歳児は肯定的な言葉を使い、「わがまま」「悪い子」などの否定的な言葉

**図表1　子どもの自己理解の発達（客体的自己の部分）**

| 発達レベル | 共通組織化の原理 | 身体的自己 | 行動的自己 | 社会的自己 | 心理的自己 |
|---|---|---|---|---|---|
| 幼児期から児童期前期 | カテゴリ的自己規定 | 身体的属性や所有物 | 典型的行動 | 特定の社会関係や社会集団の成員であるという事実 | その時々の気分、感情、好き嫌い |
| 児童期中・後期 | 比較による自己査定 | 能力に関わる身体的属性 | 他者や自己や標準的な基準に関連づけられた能力 | 特定の社会関係や社会集団の成員であるという事実 | 知識、認知的能力、能力に関わる情動 |
| 青年期前期 | 対人的意味づけ | 社会的魅力や社会的相互作用に影響する身体的属性 | 社会的魅力や社会的相互作用に影響する行動特性 | 社会的・性格的特質 | 社会的感受性、コミュニケーション能力、その他の心理的側面を持つ社会的技能 |
| 青年期後期 | 体系の信念と計画 | 意志的選択や個人的・倫理的基準を反映する身体的属性 | 選択や個人的・倫理的基準を反映する行動特性 | 社会的関係や社会的・性格的特質に関わる倫理的・個人的選択 | 信念体系、個人的な哲学、自分自身の思考過程 |

出典：［デイモン＆ハート、1988］を基に作成

は児童期以降に用いられ始めることも示された。さらに、児童期になると「真面目」「規則正しい」などの勤勉性や能力について言及するようになることは、勤勉性獲得を発達課題とする児童期という発達段階を勘案すると興味深い。

## 2. 自己統制

### (1) 自己統制とは

「赤のお洋服じゃなきゃ着ない！」「このおもちゃが欲しい。買って！」など、自己意識と言語能力が発達するに従って、子どもは自分の欲求や意見をはっきりと言語や態度で表現して主張するようになる。同時に、自分の欲求が必ずしも思いどおりにならない経験を繰り返す中で、自分と他者の欲求が異なる場合があることや、同じ主張でも状況によって通るときと通らないときがあることに気づいていく。そして、相手や状況に応じて主張の仕方や強さを自分で調整するようになる。このように、自分で自分の行動をコントロールすることを自己統制と呼ぶ。

### (2) 自己統制の2つの側面

自己統制には、自分の欲求や意見を他者に伝えて実現しようとする自己主張面と、自分の欲求や行動にブレーキをかける自己抑制面の2つの側面がある［林、2007］。自己主張・実現面は、3～5歳にかけてその強さを増していくが、5歳頃からは大きな増減はなくなる（p.67図表3参照）。これは、家庭でのしつけや、幼稚園・保育所に入り集団生活を経験することの影響が大きい。「ぶらんこやおもちゃは順番に交代して使いましょう」をはじめ、決まりを守るために自分のやりたいことを我慢したり、友達と仲よくするために相手に合わせたりすることは円滑な集団生活を送るうえでは欠かせない。家庭でも「食事の前には手を洗いなさい」、大好きなお菓子も「妹と半分こにしなさい」と、さまざまな制約が課される。こうした中で、子どもは、自己の欲求を抑えることを学ぶ。

子どもは自己主張と自己抑制のバランスの中で、自分の行動をコントロールし、適応的なふるまいを身につけていくのである。

### (3) 感情表出のコントロール

子どもがコントロールするのは行動ばかりではない。海外の研究は、うれしくないご褒美をもらったとき、3〜4歳の子どもでも贈り主の前ではあからさまな失望の表情は見せず、喜んでいる表情を見せることを指摘している [Cole, 1986]。3〜4歳という幼い子どもでも、状況を理解して自分の感情表出をコントロールしているのである。

## 3. 他者との関わりと自己をめぐる諸問題

### (1) 他者との関わりと自己

子どもは他者との関わりの中で、他者とは異なる存在としての自己という存在に気づいていく。自己意識の芽生えのみならず、その発達においても他者との関わりは重要な意味を持っている。子どもは、他者の反応から自己の行動や感情の意味を知り、他者からの評価を取り込みながら自己意識を形成していく。他者は自己を映す鏡なのである。

自己統制の獲得に関して他者の存在が欠かせないことは前述したが、うれしくない褒美をもらったときの感情表出調整も、贈り物をされたときに、「ワー、プレゼントをいただいてうれしいね」「ありがとうをしましょう」と喜びの表現を他者から促されることを繰り返し経験することから身についていく。

### (2) 発達期待

他者との関わりのうち最も大きな影響を持つのは、主に養育を担う母親からの働きかけであろう。そして、母親からの働きかけの背後には、「こういう子に育ってほしい」という暗黙のうちに抱く母親の発達期待がある。例えば、自己統制のあり方についても、「自分の意見をどんど

ん主張して、行動を起こしてほしい」という発達期待を母親が持っていると、子どもの行動は主張的になる。逆に、「親の言うことを聞く従順な子でいてほしい」と期待していると、自己抑制の強い子どもになる[柏木、1988]。また、子どもの自己抑制的側面は一貫して、女児のほうが男児よりも高い（p.67図表3参照）。これは、自分の意見を主張して積極的に行動することが男児のほうにより期待され、控えめで従順であることが女児にはより強く求められるという、発達期待における性差の影響と考えられる。子どもの自己意識は、親の発達期待やジェンダー意識など時代性の絡むさまざまな問題の影響を受けながら発達していくのである。

### (3) 子どもの自己にまつわる諸問題

　最近の子どもの問題としてよく耳にすることの一つに、「すぐキレる」というものがある。確かに、言葉で少しやり取りをすることで簡単に解決できそうな小さないざこざにおいて、突然暴力に訴えるという展開が見られることがある。背景には、自己の欲求が満たされないことに耐える欲求不満耐性や、自分の感情や行動を適切に制御しながらの問題解決力が育っていないことがあると考えられる。

　近年、家庭においては、兄弟の減少により家庭内での子どもどうしのやり取りは減少し、親がじっくりと子どもと向き合う時間の確保も難しくなっている。地域コミュニティの崩壊による地域内人間関係の希薄化や子どもの多忙化による遊び時間の減少、ゲーム等の一人遊びの増加も指摘される。子どもたちがその育ちのプロセスで他者と関わる経験を持ちにくくなっている状況とも見られ、子どもの自己意識の発達への影響が懸念される。

## 第3節　日本社会における自己表現の特性

### 1．子ども像の文化差

　米国においては、教室場面で積極的に自分の意見を主張することが推奨されるが、日本ではクラスメートの意見を聞き、協調的にふるまうことが重視されるというように、どこの国にも理想の子ども像がある。
　その子ども像が描かれているものの一つに、小学校の教科書がある。日英の小学校教科書を比較した研究によると、日本の教科書に登場する主人公のほうがより自己抑制的であることが明らかになっている［塘ほか、1998］。日本の教科書に、自分の思いどおりにならない状況や自分が不利になることでも積極的に受容する主人公の姿が、より多く描かれていたのである。ここから、日本の子どもたちには、嫌なことでも自分に与えられた状況を進んで受け入れ、周囲に合わせて協調的にふるまうことが期待されていることが分かる。
　理想の子ども像は、万国共通ではなく文化差があり、それが子どもの自己意識の発達にも影響を与えているのである。

### 2．日本の育児文化

　日本の親子関係は情緒的に極めて親密であり、子どもとの対立を避ける傾向があると言われている。育児行動の日米比較からも、日本の母親は赤ちゃんとの接触時間が長く、赤ちゃんの要求を先取りして充足することもあることが示されている。
　また、幼児期のしつけの特徴として、子どもへの直接的な叱責は少なく、間接的な表現で子どもをコントロールすることが多いことも指摘されている［東ほか、1981］。日本の親は、子どもの意図への反意を表明す

る際に、返事をしないで黙る、あるいは無関心を装うという行動をとることが多い。また、しつけにおいても日本の親は、説得したり子どもの気持ちに訴えたりと、米国の親が「言うことを聞きなさい」「ダメなものはダメ」と親の権威を行使するのと比べると、婉曲な対応をすることが知られている。

しかし、最近では日本の親子にも対立や葛藤があると言われ、母親たちが育児や子どもに否定的感情を抱くことも増加している。日本の育児文化は大きく変化しつつあり、この変化が子どもの自己意識の発達に影響を及ぼすことが予想される。

## 3. 日本における自己意識の特徴と保育

日本特有の感情として、周りの人に好かれて依存できるようにしたいという「甘え」があることが挙げられる［土居，1971］。この「甘え」を特徴とする人間関係は親密な親子関係の拡大であり、西洋型の近代的自己の欠如とも言われる。

また、日本をはじめとする東洋文化圏に特有の自己に関する捉え方に、相互協調的自己観がある。これは、自己を他者や周囲の物と結びついた存在と捉える関係志向的実体とするものであり、社会関係の中の一部として自己を認識することにつながる。こうした関係重視の自己観の中で、日本においては、いちいち言葉で自己表現しなくても通じ合えるはずという「察する」ことを重視する文化がある。昨今の「空気を読む」ことが求められる風潮とも通ずるところであり、積極的な自己表現を不要とする考え方が日本的人間関係の根底にあるということもできる。

しかし同時に、学校や社会においては「自己アピール」などの欧米型の自己表現が要求されることも多くなっており、自己表現力の基礎を育てることが保育においても求められるようになった。こうした自己表現力の基礎を育てるためにも、自分の意思を伝える機会を設定することを大切にしたい。「昨日の出来事」のような小さな発表の場を設けたり、

何でも自分で決めたい反抗期であれば、選択肢を提示して子ども本人に選ばせる機会を増やすことも一つだろう。子どもの意思を尊重しつつも、言いなりになるのではなく、発達段階に応じた適切な自己表現ができるよう支援していくことが、保育者の役割として重要になる。

**【演習課題】**
1. 「反抗期」の意味
　自分の家族や身近な子育て経験のある人に次のことを質問してみて、現代日本の母親たちが「反抗期」をどのように捉えているか考えてみよう。
　　①子どものどのような姿を見たときに「反抗期が始まった」と感じたか（なるべく具体的なエピソードとして語ってもらおう）。
　　②それはいつごろだったか。
　　③その時どのように感じたか。
　　④「子どもの反抗期」について、今、どのように考えているか。
　ここから、保育者として反抗期の子どもへの対応のポイントを考えてみよう。
2. 「反抗期」の保護者支援
　「子どもが何をやるにもイヤだ、ダメの連続で、もう疲れてしまって…」という保護者からの相談に対する適切な対応について話し合ってみよう。
3. 自己主張と自己抑制に関する発達期待
　自己主張をどんどんする子と自分の意見はあまり言わずに我慢する子のどちらのほうがあなたにとって「良い子」と感じられるか、その理由とともに考えてみよう。

【引用・参考文献】

東洋・柏木惠子・R. D. ヘス『母親の態度・行動と子どもの知的発達——日米比較研究』東京大学出版会、1981年

梶田叡一「自己意識の発達過程」梶田叡一編著『自己意識の発達心理学』金子書房、1989年、pp.1-32

柏木惠子『子どもの「自己」の発達』東京大学出版会、1983年

柏木惠子『幼児期における「自己」の発達——行動の自己制御機能を中心に』東京大学出版会、1988年

坂上裕子「母親は子どもの反抗期をどう受け止めているのか」『家庭教育研究所紀要』No.24、2002年、pp.121-132

佐久間路子・遠藤利彦・無藤隆「幼児期・児童期における自己理解の発達——内容的側面と評価的側面に着目して」『発達心理学研究』11(3)、2000年、pp.176-187

庄司留美子「自己意識のはじまり——乳幼児期における鏡像への反応」梶田叡一編著『自己意識の発達心理学』金子書房、1989年、pp.230-265

土居健郎『「甘え」の構造』弘文堂、1971年

塘利枝子・真島真里・野本智子「日英の国語教科書にみる対人的対処行動」『教育心理学研究』46、1998年、pp.95-105

林邦雄責任編集『保育用語辞典〔第2版〕』一藝社、2007年

山口恒正「鏡の中の「自己」、鏡の前の「自己」」梶田叡一編『自己意識心理学への招待——人とその理論』有斐閣、1994年、pp.207-232

P. M. Cole, "Children's spontaneous control of facial expression", *Child Development*, 57, 1986, pp.1309-1321

W. Damon & D. Hart, *Self-understanding in childhood and adolescence*, Cambridge University Press, 1988

T. Ujiie, "How do Japanese mothers treat children's negativism?", *Journal of Applied Developmental Psychology*, 18, 1997, pp.467-483

第 7 章

# 子ども集団の特性と社会性の発達

永田　彰子

## 第1節　乳幼児期における子ども集団の特性

　人間は人や物との関わりの中で発達する。特に乳幼児期の発達の変化は著しい。『保育所保育指針解説書』では、乳幼児期の発達の特性として、①人への信頼感が育つ、②環境への関わり、③子どもどうしの関わり、④発達の個人差、⑤遊びを通して育つ、⑥生きる力の基礎を培う、ということが示されている。つまり乳幼児期の発達においては、適切な保育の環境の中で保育者や友達との間で豊かな関わりを経験し、その経験を通して生きる力の基礎を培っていくことが期待されるのである。本章では、乳幼児期における子ども集団の特性について考え、保育の中で社会性が発達するとはどういうことかについて考えてみよう。

### 1．乳児期における他者との関わり

　人間の赤ん坊は極めて未熟な状態で生まれてくるが、誕生後、環境との相互作用の中で著しい発達を遂げていく。ここで重要なのは、発達は、個体内の能力の成熟によって自動的に生み出されるものではなく、環境との関わりの中で発現するものであるということである。

　乳児は生まれながらにして、人に関わりたいとの欲求を持っている。例えば、乳児の泣きに対して、身近な大人によるタイミングのよい適切で応答的な関わりがあるからこそ、乳児は自分の欲求が充足されるのみならず、自分自身の環境への働きかけの手応えや、さらに働きかけてみようとする意欲を持つようになる。

　保育所保育指針によると、このような乳児と身近な大人との日々の相互的関わりは、乳児にとっては生命を守られ、愛され、信頼される体験であり、このような日々の体験の中で情緒が安定するとともに、大人への信頼感が育っていく。そして、この大人との信頼関係を基にして、次

の段階として、他の子どもとの関係を持つようになるのである。

　かつては、仲間との出会いは幼児期以降であったが、保育所における乳児保育が拡大するとともに、保育所で同年齢の仲間と長時間過ごす子どもが増えている。乳児期における仲間との関わりは、どちらかというと「仲間と生活を共にする」というものであり、「いっしょに遊ぶ」といった幼児期のそれとは異なる。

　しかし、よく観察してみると、互いの関わりがないというわけではなく、他の乳児に関心を示し、じっと見つめたり、ほほえみかけたり、手を伸ばしたり、泣いている乳児がいると他の乳児がそばに寄って、頭をなでて慰めようとする姿なども見られる。このような関わりが、幼児期になるとさらに発展し、さまざまな感情的交流を仲間との間で持つようになっていく。

## 2. 幼児期の子ども集団の特性

　家庭や保育において身近な大人と安定した相互的関わりを十分に持つことにより、子どもは自己や他者に対する信頼感を形成する。そして自己や他者に対する信頼感を形成している子どもは、身近な大人を安全基地とし、仲間との関係へと関わりを広げていくようになる。

　パーテン（M. B. Parten）は、遊びにおける子どもの人との関わりについて分析し、発達的流れがあることを示している［Parten, 1932］。それは、①ぼんやりしている、②傍観、③一人遊び、④平行遊び（直接関わりはないが、同じ場所で間接的に影響し合いながら遊ぶ）、⑤連合遊び（直接関わりながらいっしょに遊ぶ）、⑥協同遊び（協力して一つの目標に取り組みながら遊ぶ。役割の分担も見られる）の6つである（p.65図表1参照）。

　まず、「ぼんやりしている」状態は、3歳頃にはほぼ見られなくなり、次いで、2歳頃には多く見られる「一人遊び」や「平行遊び」は、3歳頃からしだいに減少する。その一方で、「連合遊び」や「協同遊び」は3歳頃から増加するのである。

ここには誰かが一人遊びをしている姿をまねする子どもが現れ、平行遊びが生まれ、さらに、平行遊びをしている子どもどうしで遊びのイメージが共有されるようになると、関わりのある連合遊びに発展していくという発達的流れがあると考えられる。さらに、ルールを理解したり、遊びのイメージを共有したうえで一つの目標を集団で共有する力が育つ幼児期後期になると、役割分担して目標に取り組みながら遊ぶという協同遊びも可能となる。

　当然のことであるが、このような遊びの発達的流れは、年齢とともに自動的に発現するものではなく、遊び場面における子どもどうしのやり取りの中で経験するいざこざ、葛藤、気持ちの立て直しを日々経験すること、そしてそのような子どもを支える保育者の役割により、子どもは他者との関わりを体得し「友達と遊ぶ」ということが実現していくのである。

　次節では、子ども集団の中で子どもはどのような経験を積み重ねているかについて考えてみよう。

## 第2節　子ども集団の持つ発達的意義

### 1. 仲間関係といざこざ

　多くの子どもにとって、幼稚園や保育所は初めての集団生活の場である。そしてこのような集団生活の中で経験する同年齢あるいは異年齢の仲間との遊びを通した関わりは、子どもの生活の中でも重要な位置を占めている。

　保育所保育指針においては、乳幼児期の発達の特性として、「子どもは、遊びを通して、仲間との関係を育み、その中で個の成長も促され

る」(第2章1(5))ことが示されている。つまり、集団の中での遊びは子どもの成長にとって不可欠であると言える。

しかしながら、集団で遊ぶためには、遊びのイメージやルールを子どもどうしの間で共有することが必要となる。実際には、この共有がうまくいかないことが多く、集団では子どもどうしのトラブルが多く発生するのである。

それでは、子どもたちはどのようなことでトラブルになっているのだろうか。入江礼子らによると、3～5歳児になると、3歳未満児に比べてトラブルの原因が増えることが指摘されている。**図表1**に示されるように、年齢別に見ると、3歳児では「もの・場所の取り合い」が多く、次いで、たたく・引っ張るなどの「不快な行為」「遊びや仲間への加入」と続く。少ないものでは「生活や遊びに関するルール」「不快な言葉」が挙げられる。4歳児では、「もの・場所の取り合い」が一番多く、次いで「不快な行為」「遊びや仲間への加入」と続く。5歳児では、「不快な行為」「遊びや仲間への加入」は3歳児・4歳児よりも増加し、一方で「もの・場所の取り合い」は3歳児・4歳児と比べると減少している。このことから、「もの・場所の取り合い」については年齢が上がるにつれて言葉が発達し、子どもどうしで解決できるようになっていくことが考

**図表1　保育者が関わる子どもどうしのトラブル原因の年齢別比較**

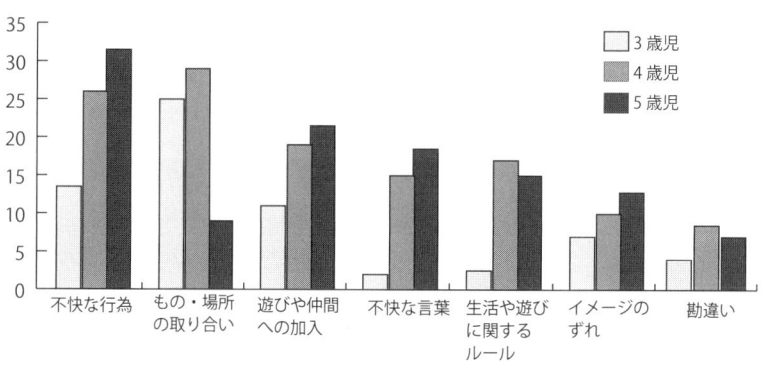

出典：[入江ほか、2008]を基に作成

**図表2　幼児期に身につけておきたい人間関係力**

| | |
|---|---|
| 1．あいさつや自己紹介ができる。 | 6．ルールを守って遊ぶことができる。 |
| 2．気持ちを表したり、言葉で伝えられる。 | 7．人の気持ちを考えて行動できる。 |
| 3．気持ちを調整できる。 | 8．他者と会話ができる。 |
| 4．人の話を聞くことができる。 | 9．他者と思いを共有できる。 |
| 5．自分から仲間に加わることができる。 | 10．生活のルールを守ることができる。 |

出典：[無藤、2010] を基に作成

えられる。

　遊びのイメージやルールを子どもどうしで共有するためには、自分の考えを相手に伝わるように表現することが求められる。さらに、互いの思いが一致することばかりではなく、意見が食い違ったときにどのように調整していくかということも必要になる。

　例えば、「入れて」と言っても、仲間入りを拒絶されたりする場合もあるし、仲間入りできたとしても、すぐに遊びの主導権を握るのではなく、「これはどうするの？」「何をやっているの？」と、遊びの様子を聞いたり、遊んでいる子どもに合わせながら、自分の意見を出していくほうが仲間にも受け入れられやすいということもある［倉持、1994］。

　つまり、継続していっしょに遊んでいくためには、自分の感情を抑制したりコントロールしたりすることが重要であり、また、思いどおりにいかないことがあっても、すぐに泣いたり、遊びをやめてしまったり、攻撃的になったりせずに、相手と話をしながら、譲ったり、解決策を見つけていく力が必要になる。このような力は、集団で遊ぶために必要な力であるとともに、集団で遊ぶことによって育まれる力である。

　いざこざ場面において、友達とのやり取りがうまくいかないことも多い。保育者は危険のない範囲で、子どもどうしのやり取りを見守り、ときには互いの子どもの思いを代弁して伝えたり、解決の方向性を提案したりなどの関わりが重要である。そのような保育者の温かいまなざしに支えられ、やがて、子どもは困ったときにすぐに保育者に助けを求めるのではなく、自分でこの状況をなんとかしようと考え、行動に移す力を

培っていく。

　このように仲間集団での日々の相互交渉は、相手の立場を理解しながら、自分自身の感情を抑制したり、自分の思いをうまく言葉で表現したりといったコミュニケーション能力の発達や人間関係力（社会的スキル）の発達につながるだろう。無藤隆は、幼児期に身につけておきたい人間関係力として10のスキルを挙げている（**図表2**）。

## 2. 保育者の役割

　先に示した集団の中での子どもどうしのトラブルや相互交渉は、保育者が見守るだけではうまく解決できないことも多い。保育者が必要に応じて介入していくことは、子どもにおいては問題解決の方法を学ぶ重要な機会となる。

　例えば、他の子どもが順番抜かしをして、遊びの順番を待っていた子どもが泣いているという場面で、「順番を待っていた子はどんな気持ちかな？」と泣いている子どもの気持ちを代弁するなど、保育者がいざこざに介入することによって、子どもは自分以外の他者の気持ちに気づくきっかけとなるだろう。また、泣いている子どもは、その場に応じた自分の思いの伝え方を学ぶことができる。このような保育者の介入には、当然のことながら日々の保育の中での子どもとの信頼関係が基盤となる。信頼する保育者に自分の思いを受け止められる喜びを味わうことができた子どもは、やがて、受け止めてくれる教師自身の姿勢を自分の中に取り入れ、他者と関わる際に、相手の気持ちを受け止めることができるようになることが考えられる。

　信頼関係を育む保育者の基本姿勢として、篠原孝子は、①子どもの行動に温かい関心を寄せる、②子どもの心の動きに応答する、③子どもとともに考える、の3点を指摘している［篠原、2008］。つまり、今直面している友達との葛藤場面においては、保育者は、うまくいかない困難さを感じている子どもの心に寄り添いながら、どうしたらよいかをいっしょ

に考えることが大切である。たとえその場で解決を図ることができなくとも、そのような保育者に支えられているという体験の積み重ねが、子どもにとっては重要であろう。

　保育者が、集団におけるトラブルの解決策として「順番」「じゃんけん」など型どおりの方法を用いることは、決して望ましいことではない。なぜならば、順番を抜かされた子どもの気持ち、自分が順番抜かしをしたことによって相手に嫌な思いをさせてしまったという罪悪感、そのような心の揺れや葛藤を乗り越えて、自分の気持ちを調整することができる力が子ども自身に育つことが重要であるからである。そのような調整する力を育てるためには、保育者自身が具体的な場でじっくりと子どもと話し合うことが必要となる。

# 第3節　社会性の発達に関する問題

## 1. 集団生活への適応をめぐる問題

　現代においては子どもを取り巻く社会的状況に関して、核家族化、共働き家庭の増加、地域の人間関係の希薄化からもたらされる地域の教育力の低下、その結果としての育児不安や児童虐待の問題など、子育てに関するさまざまな問題が指摘されている。子どもが集団生活に入る前の家庭内での生活経験は多様化しており、同年齢・異年齢の子どもや人と関わる体験が減少していることから、集団生活への適応に困難を示す子どもも少なくない。

　例えば、園に来ても保育室でじっとしていたり、友達の遊びに興味を示さない子どもや他の子どもに理由もなく手を出してしまう子どもの姿は、どの園でも珍しくない。このような問題の背景には、集団生活に入

る以前の生活体験がなんらかの影響を持っていることが予想される。つまり、子どもの数が減少することで兄弟関係の体験を持ちにくく、さらに地域の人間関係が希薄化した地域社会においては、園に入園する以前に同年齢・異年齢の子どもと関わる体験機会が保障されなくなったことが背景にある。

園ではおおぜいの子どもが集団で生活をしているため、遊び道具を一つ使うにしても、数が足りなければ「貸して」と頼むか、相手が使い終わるまで待つということも必要になる。相手が貸したくない、ずっと使って遊びたいときには、我慢して「いいよ」と譲らなければならないこともある。このような経験は、それまで家庭で生活してきた子どもにとっては新しい経験である。つまり、保育者を含めた大人にとっては「当たり前」のように見える園での生活には、実は多くの社会性発達の課題が潜んでいるのである。特に、入園以前の生活体験が多様化している現代においては、園内での一つ一つの体験が子どもにとって「初めての体験」であることが多い。幼稚園や保育所などで楽しさを味わうためには、一人ひとりの子どもが「初めての体験」の不安を乗り越えていくためのじっくりとした時間を保障していくことが重要である。

集団生活への適応に困難を示す子どもとともに、わが子の園生活への適応に大きな不安を示す親に対しても、十分な配慮が必要である。特に、園での集団生活で問題行動を示している子どもの親は、親自身もどのように子どもに関わればよいのか分からず、もっと厳しく叱らなければならないのか、「なぜ自分の子だけ？」など、親としての自分を責めたり、不安を感じている場合が多い。また、親自身が子どもの示す問題行動の事実を受け入れられなかったり、子どもの示す問題行動に無関心であるケースもある。

保育者は、子どもの親と丁寧に話していく姿勢を持ち、親との信頼関係を築いていくことが大切である。実は、問題を抱えていたのは親のほうで、それが解決されたとたん、子どもの問題行動も見られなくなると

いうことはよくあることである。

## 2.「気になる子ども」に対する保育者の視点

　近年、保育・教育現場において、障害のある子どもたちの存在が大きく取り上げられている。2004年に「発達障害者支援法」が施行されて以来、文部科学省より特別支援教育の充実が強く示され、幼稚園・保育所においても、発達の困難や障害を抱える子どもの支援の必要性に関して、保育者は高い問題意識を持つようになってきた。保育においては、「障害がある」と診断された子ども以外にも、「落ち着きがない」、「他児とのトラブルが多い」などいわゆるグレーゾーンに位置しているとされる。「気になる子ども」もおり、これらの子どもに対してどのように保育を進めていくかが大きな問題となっている。

　一方で、「気になる子ども」を認識する側、つまり保育者自身の子どもの見方を問題にするべきであるとの視点も指摘されるようになった。例えば、鯨岡峻は、提唱する「間主観的」関係性の立場から、子どもの行動と「気にする」主体、つまり保育者自身の子どもの見方も問題にするべきであると述べている［鯨岡、1999］。また、保育者の年齢および保育経験が保育観の形成に大きな影響を及ぼすことが示唆されており［七木田ほか、2000］、豊かな保育経験を有しているか否かは、子ども理解や子どもの問題行動の理解、また障害の理解などにも少なからず影響する可能性がある。

　さらに、保育者と子どもの間の関係性についての保育者側の捉え方が変化し、その結果、子どもに対する働きかけの内容が変わることによって、「気になる子ども」が気にならない存在に変わっていく事例も報告されている［水内ほか、2001］。つまり、子ども理解が深まることによって、「気になる子ども」をクラスに適応させるべき存在として捉える見方から、子どもの行動の受け止め方が変化していくことで、いつしか"気にならなくなる"のである。

【演習課題】

　子どもが互いの思いに気づいたり、子どもたち自身の中から問題解決の方向性が提案されるために、あなたは保育者としてどのように関わるだろうか。グループで話し合ってみよう。さらに、これまでの実習経験から、子どもどうしの具体的なトラブルの場面を取り上げて話し合ってみよう。

【引用・参考文献】

　入江礼子・小原敏郎・友定啓子・白石敏行「子どものトラブルに保育者はどうかかわっているか――保育記録からみたトラブル原因の年齢比較」『日本保育学会第61回大会発表論文集』2008年、pp.556-557

　鯨岡峻『関係性発達論の構築――間主観的アプローチによる』ミネルヴァ書房、1999年

　倉持清美「就学前児の遊び集団への仲間入り過程」日本発達心理学会『発達心理学研究』5（2）、1994年、pp.137-144

　篠原孝子「『人間関係』を育む保育」友定啓子・小田豊編著『保育内容　人間関係』（新保育シリーズ）光生館、2008年

　七木田敦・水内豊和・増田貴人「保育者の子ども理解に及ぼす要因の検討――『ちょっと気になる子ども』へのかかわり方から」『広島大学教育学部紀要第三部』49、2000年、pp.339-346

　水内豊和・七木田敦・増田貴人「『ちょっと気になる子ども』の事例にみる保育者の変容過程（特集「保育者の専門性と保育者養成」）」日本保育学会『保育学研究』39、2001年、pp.28-35

　無藤隆監修・指導『スキル遊び45――人とのかかわり方を育てる』日本標準、2010年

　M. Parten, "Social participation among preschool children", *Journal of Abnormal and Social Psychology*, 28, 1932, pp.136-147

# 第8章

# 子どもの生活・学びと地域社会

佐藤　倫子

## 第1節　子どもを取り巻く環境の変化

　地縁血縁の濃かった時代には、同じ町内に多くの親戚が住み、同じ敷地内には祖父母や叔父・叔母がいて、両親以外の大人と接する機会も多かったと聞く。親戚でなくても、家で御飯を食べさせてもらったり遊ばせてもらったり、親から叱られると慰めてもらったり、といったことを現在の祖父母世代は経験している。マンガ『サザエさん』や、映画『三丁目の夕日』などに見られるような古き良き昭和の風景である。

　戦後から1970年頃の高度経済成長期には、地方から都市部への集団就職などから人口の移動が激増し、地縁・血縁のない土地で家庭を持つ世帯が増えた。高校・大学への進学率も上昇し、進学のために都市部に移住する若者も増えた。1975年頃には高校進学率は9割を超え、今ではほぼ97％が高校に進学している。大学進学率も上がり続け、2005年には約50％が大学・短期大学への進学を果たしている。専門学校などを合わせると、高卒後の進学率はおよそ75％にも達する（2010年度学校基本調査）。

**図表1　共働き世帯数の推移**

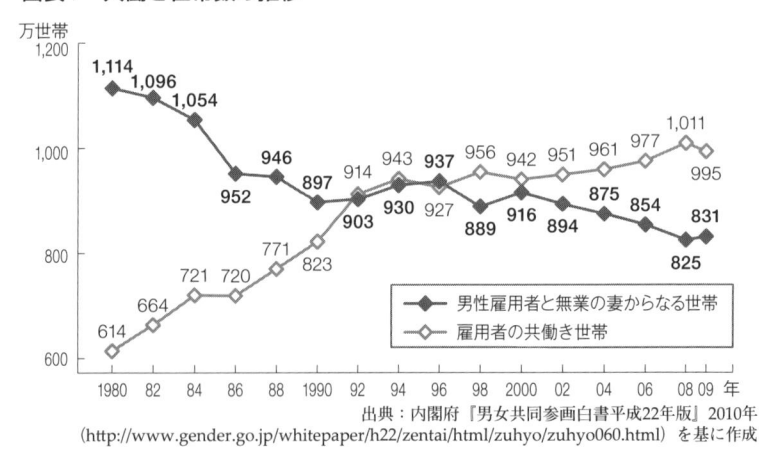

出典：内閣府『男女共同参画白書平成22年版』2010年
(http://www.gender.go.jp/whitepaper/h22/zentai/html/zuhyo/zuhyo060.html) を基に作成

男女ともに高学歴であっても、女性に不利な就職状況があったことから、1985年には男女雇用機会均等法が施行された。当時の好況による求人の増加、その後の就職氷河期における非正規雇用の増加による世帯収入の減少などから、共働き世帯が激増し（**図表1**）、出生数が減っている中（**図表2**）、保育所への入所数は増え続けている（**図表3**）。

都市部への通勤圏に家を持ち、両親と子ども1人か2人の家族で暮らし、近所づきあいはほとんどなく、祖父母や親戚は遠く離れて暮らしており、両親ともに働いていて、子どもは保育所・幼稚園と家庭を行き来して過ごしている、というのが昨今の小さな子どものいる家庭に多く見られる姿と言えよう。両親や保育所・幼稚園の先生を除けば、小さな子どもと

**図表2　出生数および合計特殊出生率の推移**

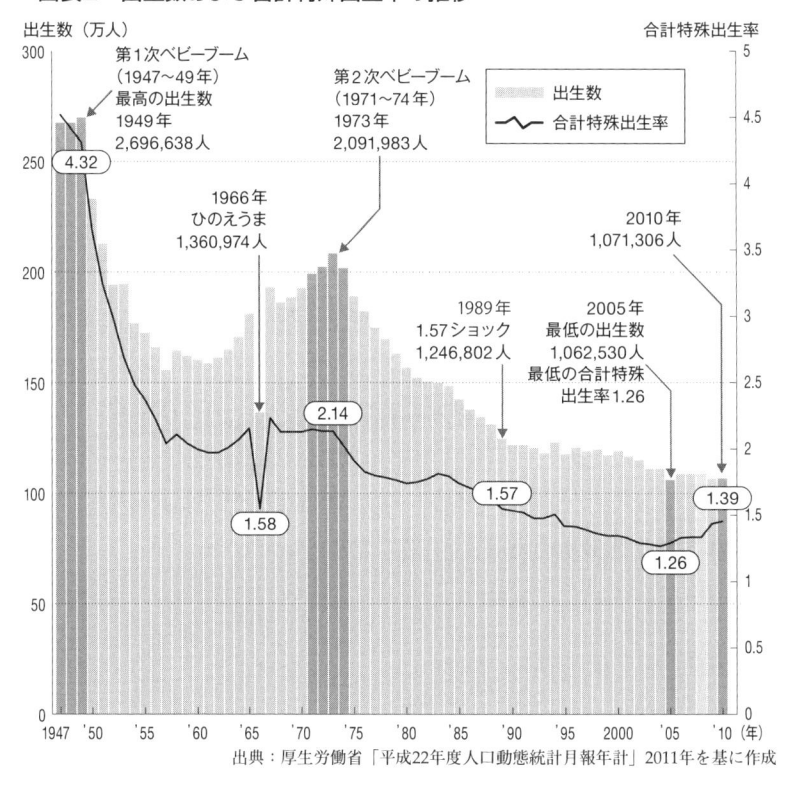

出典：厚生労働省「平成22年度人口動態統計月報年計」2011年を基に作成

第8章 ● 子どもの生活・学びと地域社会　103

**図表3　保育所施設数・入所児童数の推移**

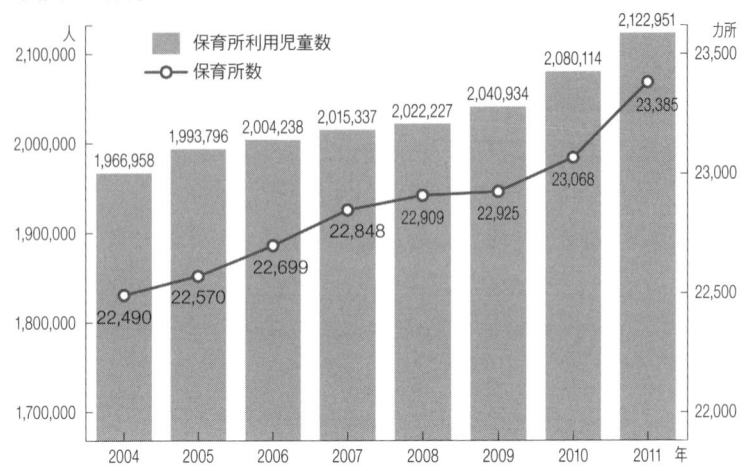

| 年 | 保育所利用児童数 | 保育所数 |
|---|---|---|
| 2004 | 1,966,958 | 22,490 |
| 2005 | 1,993,796 | 22,570 |
| 2006 | 2,004,238 | 22,699 |
| 2007 | 2,015,337 | 22,848 |
| 2008 | 2,022,227 | 22,909 |
| 2009 | 2,040,934 | 22,925 |
| 2010 | 2,080,114 | 23,068 |
| 2011 | 2,122,951 | 23,385 |

出典：厚生労働省「保育所関連状況取りまとめ（平成23年4月1日）」
（http://www.mhlw.go.jp/stf/houdou/2r9852000001q77g.html）を基に作成

日常的に関わる機会のある大人は、そう多くはないだろう。

　親といっしょに過ごす時間が激減し、隣近所のおじさんおばさんに挨拶をすることも言葉を交わすこともなくなったことは、子どもの生活にどのような影響を及ぼしただろうか。

# 第2節　環境の変化が及ぼした影響

## 1．基本的生活習慣が身についていない子ども

　「小1プロブレム」と呼ばれる問題がある。小学校に入学したばかりの子どもが、授業中席に座っていられない、先生の話を聞かない、各自がかってに行動して授業が成り立たないなど、学校という場での基本的な習慣が身についていないために起こるとされている。幼稚園・保育所に

おいても、排泄・食事など基本的な生活習慣が身についていない子どもが増えているという。東京都の調査では、およそ4校に1校の小学校で、校長が「1年生に問題がある」と考えていることが分かっている。
　1999年に実施された小学校・幼稚園・保育所の教職員向けのアンケート調査によると、80％以上の教職員が、生活が夜型化した子どもや、他の子どもとのコミュニケーションが苦手な子ども、片づけや挨拶ができない子どもが増えていると感じている。また、挨拶やしつけに熱心な親が少なく、子どもの基本的生活習慣に対する配慮が少ない親が増えていること、さまざまな育児情報に触れる機会が多く、知識はあるものの、受容と甘やかしの区別がつかず、子どもの言いなりになっている親が増えていると感じている教職員も8割を超える［新保、2001］。子どもと向き合う余裕がなく、気分しだいで子どもをかわいがったり叱ったりする親、忙しいからと排泄の習慣づけや食事や衛生面のしつけなどを人任せにしようとする親、仕事で帰りが遅く、食事も就寝も遅い大人の生活リズムに子どもを合わせてしまう親。このような親は、共働き世帯の増加と、核家族化、少子化、人間関係の希薄化が進む中、年々増えていくと考えられる。
　子どもが巻き込まれる事故や事件が後を絶たず、安全に遊べる広い場所がどんどんなくなっている。公園などには親が同伴する必要がある。忙しい親の子どもたちは、幼稚園・保育所の後は家で過ごすことが多くなる。未就学児から中学生までを対象とした調査では、最もよく見かける携帯ゲーム機（NintendoDS）の保有率は90％を超えている。家の中で一人ぼっちでも、ゲームの中のキャラクターといっしょに遊ぶことができる。外に出なくても、森や公園や友達の家に遊びに行くような楽しさも味わえる。
　しかし、ゲームの中では、実際に体を動かして遊ぶ機会はない。親の代わりに「もうゲームをやめなさい」「子どもはもうおうちに帰りなさい」と叱ってくれる大人に出会うこともない。気に入らないことがあっ

たら、ゲームをやめてしまえばいい。生身の人間と言葉のやり取りをして、うれしくなったり悲しくなったり怒ったり、感情をなんとか収めたりする経験もできない。自分で問題を解決する策を考えたり、やってみたり失敗したりすることもできない。

## 2. 地域での子どもの居場所の必要性

　自分さえよければいいという態度の子どもたち、我慢ができない子どもたち、すぐにあきらめてしまう子どもたち。最近の子どもたちの特徴として、よく挙げられる特徴である。挨拶ができず、それを注意されることもなく、人との関わりが苦手で、やっていいことと悪いことの区別がつかない子どもたち。

　保育者が「親に問題がある」と感じてもしかたがないところはあるが、親を取り巻く環境の変化が子どもにもたらした影響は、親が育児に割く時間を増やせるような環境を作っていかなければ解決しない問題だろう。変わりつつはあるものの、男性の育児休暇取得率はわずかに1％余り、年次有給休暇も半数以上が取得できていないのが現状である。親が心身ともに余裕がなく、子どもを見ていることができないのなら、親以外の大人が代わりを務めることを考えるべきであろう。2002年からは、学校の週5日制が全面的に実施され、地域での子どもの居場所はますます重要性を増している。

　置き去りにされて飢え死にしてしまった幼い子たちに、声をかけてあげる大人が1人でもいれば、命は助かったのではないか。1人でも2人でも、関心を持って見てくれる大人がいたら、犯罪に巻き込まれずに済んだのではないか。子どもが関わる事件や事故が起こる度に、「子育てを地域で」の声が上がる。政府も「子ども・子育てビジョン」を打ち出し、男性の育児休業取得率や有給休暇の取得率、在宅ワーカー比率の目標値を定め、地域ぐるみで子どもの教育に取り組む環境の整備についても、全国の市町村、中学校区で拠点を設けるという目標を掲げている。小1

プロブレムに代表されるような子どもの問題は、親がきちんとめんどうを見ないせいだ、と親を責めても何も解決しない。子どもは地域で育てよう、という取り組みが、国を挙げて推進されつつある。

## 第3節　子どもを育てる地域社会：実践事例

　地域の中で子どもを育てる取り組みが各地で見られるようになってきた。従来、子ども会活動や町内会での各種行事など、季節ごとの関わりは昔からあったのであるが、新興住宅地や都市部のマンションなどではそのような行事に参加する機会も少なくなっているという。子育て支援の一環として、地域のお祭りを復活させた町もあれば、高校生や大学生が主となって、就学前の子どもやお年寄りとの交流を持つ機会を設けている団体もある。具体的な取り組みをいくつか紹介してみよう。

### 1．島根県浜田市「浜田のまちの縁側」

　長年地域で訪問看護やケアマネージャーを務めてこられた来栖真理さんが、2000年10月の鳥取西部地震の経験から、近隣に住む人たちのつながりの大切さを再認識し、2004年に浜田市で、誰でも立ち寄ることができる場所を目指して開いたのが「浜田のまちの縁側」である。現在は週に2回の子どもの居場所づくりや、中学生をメインスタッフとして小学生といっしょに校庭で遊ぶ「放課後あそび隊」などが行われている。専門家が常駐して子どもを預かるということではなく、そこに集う大人たちが、ときには子どもを叱り、ときにはいっしょにごはんを食べ、いっしょに遊び、話をするというような、近所のうちに遊びに行くような関わりが自然に生まれる場になっている。

　小さな子どもからお年寄りまで、さまざまな年代の人たちが集うこと

によって、お互いに心地よいと感じることがそれぞれに違うことを知り、人と人とのつながりの中で生きる幸せを感じる。家や学校では体験できない子どもどうしの活動の中で、生き生きとした表情が生まれる。大人にも子どもにも、学ぶ機会を与えてくれる場になっている。

## 2．栃木県鹿沼市「北光クラブ」

　北光クラブは、鹿沼市立北小学校の校内に事務局を置く。元は学校を利用する地域のサークルのネットワーク団体であったが、今では学校と地域と家庭をつなぐ役割を果たすようになっている。地域でボランティア活動をしたい大人が、自主的に学校での教育活動に参加したり、夏休みや土日の子ども向けの各種体験教室を開いたりしている。

　お知らせのプリントの印刷や、就学時検診の手伝いなど、学校の先生の雑用の手伝いをするスクールアシスタントや、授業やクラブ活動の支援、放課後子ども教室の先生、夏休みのサマースクールや土日のチャレンジスクールと、先生や親以外の大人が学校に頻々と顔を出す環境の中で、子どもたちは大人と触れ合う機会を得ることができている。大人は、自分の楽しみの一つとして学校に来て、子どもと関わる。学ぶことを楽しみ、人と関わることを楽しむ大人の姿を間近に見られることは、子どもにとってはまたとない学びの機会でもあるだろう。

## 3．横浜市「つどいの広場『びーのびーの』」

　2002年から厚生労働省が乳幼児とその親が集う場所づくりを目指して、「つどいの広場」事業を実施している。子育て支援事業の中核をなす事業である。月に何度か、公民館や児童館などに、午前中小さな赤ちゃん連れの親が集まる姿を各地で目にするようになっている。2010年度には、全国で1500カ所のつどいの広場が開かれている。

　「びーのびーの」は、この「つどいの広場」のさきがけとなった取り組みである。つどいの広場は、保健師や各地の児童委員などが中心と

なって開催されている例が多いようであるが、「びーのびーの」は育児中の母親たち自身が、商店街の空き店舗を利用して始めたところに特徴がある。つどいの広場事業が始まる2年も前に、自主的に集まる場を作り、NPO法人化もしている。それが全国的な行政施策につながっていったという好例でもある。

　同じくらいの年齢・月齢の子どものいる親たちが気軽に話し合えることで、失敗談や体験談を共有することができ、「自分だけではないんだ」という気持ちになれる。孤立化しがちな未就園児の育児には、なくてはならない支援である。子どもたちも、年齢の近い他の子どもに、早くから接する機会が持てる。

　びーのびーのには、赤ちゃんを連れた親以外にも、シニアボランティアが通年で、中学生・高校生・大学生の学生ボランティアも夏休みなどには参加している。子育てを終えた世代と、これから子育てをしていく世代も加わって、交流のみならず、お互いの学びの場にもなっている。

## 4. 福岡市「きんしゃいきゃんぱす」

　「きんしゃい」は博多弁で「きてください」という意味である。「きんしゃいきゃんぱす」は、九州大学の学生たちが、商店街の空き店舗を利用して開いている、子どもの居場所である。平日は毎日、小学校の放課後の時間帯に開かれている。

　当初から子どもの居場所作りを目指したわけではなかった。大学を地域に開くという試みの一環で、商店街の空き店舗に大学の研究室を設け、せっかくだからとかき氷屋を出してみた。すると子どもたちがかき氷を求めて集まり始め、かき氷の季節が過ぎても、子どもたちが遊びに来るようになった。子どもの中から「ここは子どもの遊び場だ」という声が出たことから、「きんしゃいきゃんぱす」として常設することになった。2004年から開かれたこの場所には、毎日放課後には子どもたちが集まり、自然に商店街の大人たちと挨拶を交わすようになっている。ときには工

作用のダンボールを提供してもらい、ときにはお店の前の道路で鬼ごっこをして遊び、悪さをしたら叱られることもある、という昔懐かしい路地裏の風景が再現されている。

　この「きんしゃいきゃんぱす」の特徴は、大学生が中心であることだ。親世代よりは若くて、自分たちよりは少し年上のお兄さん・お姉さんがいつもいてくれることが、子どもたちには立ち寄りやすく、ここにしかない居心地の良さを生んでいるのではないだろうか。

　開設当初は放課後の小学生が中心だったが、中学生・高校生や未就学児など、集まってくる子どもの年齢の幅は広がっているという。中学生・高校生の中には、「ここを継ぎたい」と言ってくれる子どももいるというから頼もしい。何かを教わりにくるわけではないが、年の若い大人たちの背中を見て、多くを学び、自ら育っているのだろう。

## 5. 名古屋市「キッズタウンなかむら」

　ドイツのミュンヘン市では、1979年から毎年夏の3週間、「ミニ・ミュンヘン」が行われている。子どもたちが議会を開き、市長を選び、町の中で働いて地域通貨を得、買い物をしたり食事をしたりするという、子どものための子どもが運営する町である。この取り組みが日本に渡り、「こどものまち」として各地で行われるようになっている。

　日本の「こどものまち」は、年に1回、2〜3日という規模であることが多いが、子どもたち自身が集まりを開いて子どもたち自身が運営し、企画し、遂行するという点ではミニ・ミュンヘンを踏襲するものである。大人はサポーターとして関わるが、決定権は常に子どもにある。大人がつい手助けしたくなるような安全面や運営面の問題についても口出しをしない。子どもの力を信じ、大人はひたすら見守る。

　名古屋市のNPO法人「子ども＆まちネット」では、同市中村区にて「キッズタウンなかむら」を主催している。子どもたちが会議を開き、銀行、役所、ハローワークやレストラン、ゲームコーナーなど、町とし

て必要な仕事、やってみたい仕事の案を出していき、その中から大人が実現可能な案を示唆する。当日は、ハローワークで仕事を紹介してもらい、仕事をして給料をもらい、銀行に預けたりレストランで食事をしたりと、一日を子どもだけの町で過ごす。2010年には行政と協働で、「なごや☆こどもCity2010」が大々的に行われた。

　「こどものまち」は、他にも札幌市、仙台市、横浜市、千葉件佐倉市、京都市、大阪市などで行われている［木下ほか、2010］。いずれも、子ども自身が作り上げる大規模な町ごっこを、大人が必要なところだけサポートするという形をとっている。企画から運営、実行まで、子どもが主体であるところが大きな特徴である。一つ一つ、子どもたちで決めていくことはたいへん時間がかかることであるし、子どもに任せると問題が残ることもある。しかし、問題場面に直面し、自分たちで問題を解決することで、子どもたちは大きく成長していくのである。

## 6. 地域のみんなで子どもを育てる

　最近の子どもは元気がない、しつけができていない、挨拶をしない、けじめがつけられない、ゲームばかりしている、コミュニケーションがとれない、自分さえよければいいと思っている、などなど。大人の口から「最近の子どもは」と出るときはいつも、こんな内容が続く。そして、親と子どもを責める発言が続くだろう。しかし、親や子どもを責めるばかりでは何も変わらない。元気がないと思うなら元気づけてあげればよいし、しつけができていないと思うなら「こうするんだよ」と教えればよい。挨拶をしないのなら、大人のほうから声をかけて、挨拶ができるように仕向ければよい。ゲームをやめさせたいなら、いっしょに遊んであげればいい。自分さえよければいいと思うことが良くないと思うなら、そういう考えは良くないよ、と諭してやるべきだろう。

　町の縁側でも、出張キャンパスでも、小学校の校庭でも、商店街の中でも、公園でも、どこにでも子どもと触れ合う場所はある。子どもがで

きないことに腹を立ててもしかたがない。子どもは未熟でできないことが多いのが当たり前なのだから、大人がやってみせて、できるようになるまで子どもを信じて根気よく待ってあげる必要がある。子どもの育ちの場は、大人の成長の場でもある。地域で子どもを見守るしくみは、大人にとっても心地よい地域社会を作ることになるだろう。

【演習課題】
1. 子どものときに経験した地域での活動（子ども会など）を振り返ってみよう。
2. 地域の中で子どもに関わる取り組みにはどんなものがあるか。公民館や市役所、近隣の児童館などで調べてみよう。
3. 学生が中心となった事例もあるが、あなたには何ができるか考えてみよう。できれば子どもと関わる企画を立ててみよう。

【引用・参考文献】
木下勇・みえけんぞう・卯月盛夫『こどもがまちをつくる――「遊びの都市ミニ・ミュンヘン」からのひろがり』萌文社、2010年
新保真紀子『「小1プロブレム」に挑戦する』明治図書、2001年
髙橋平徳・阿比留久美「子どもが育つ地域社会の構想」日本子どもを守る会編『子ども白書2010』草土文化、2010年、pp.146-163

第 **9** 章

# 遊びを通しての学びと発達

高岡　昌子

## 第1節　自発的な遊びに基づいた保育

### 1．多様な能力を培う自発的な遊び

　子どもにとっての遊びは、なによりも楽しく意欲的に熱中できる主体的な活動である。そして身体や心を動かして全身全霊で夢中になって遊ぶ主体的な体験を通して、子どもたちは多くのことを学んでいく。例えば、子どもは遊びを通して多様な事物や空間についての認知能力を高め、世界を広げていき、思考力や想像力を養っていく。また自分の身体を使って思う存分遊ぶ中で、体力をつけていくだけでなく、手の巧緻性や瞬発力・バランス力を養い、危険回避能力をも養っていく。さらに友達と遊ぶことで、仲よく遊ぶことの楽しさを味わい、楽しむためのコミュニケーション力・人間関係力を養っていく。また遊びの中でのいざこざやけんかを通して腹立たしさや悔しさ等も体感し、その不快感に耐えうる強い心や乗り越えていく方法も体得していく。そして主体的に遊ぶことの満足感や達成感を味わうことで、主体的に活動していくことへの意欲や態度を伸ばし、将来自分で生きていく力、そして挫折に耐えて生き抜いていくための力の基礎を築いていく。

　遊びを通して、上述したような多様な能力を最大限に培うためには、子どもがなによりも十分に楽しんで主体的に遊ぶことが重要である。つまり、意欲的でわくわくするような能動的で主体的な体験であればあるほど自己表出を体験して、一所懸命に取り組むことになるし、その記憶も鮮明に残るものである。また、さまざまな遊びと生活が相互に関連し合い積み重ねられていくことにより、子どもの総合的な発達はいっそう促されることになるので、養育者や保育者は、子どもの遊びと生活がどこかで関連し合うように配慮して環境を構成したり言葉かけをしていき

たいものである。このことについて保育所保育指針と幼稚園教育要領には、次のように書かれてある。

　子どもが自発的、意欲的に関われるような環境を構成し、子どもの主体的な活動や子ども相互の関わりを大切にすること。特に、乳幼児期にふさわしい体験が得られるように、生活や遊びを通して総合的に保育すること。
（保育所保育指針第1章3（2）オ）
　幼児の自発的な活動としての遊びは、心身の調和のとれた発達の基礎を培う重要な学習であることを考慮して、遊びを通しての指導を中心として第2章に示すねらいが総合的に達成されるようにすること。（幼稚園教育要領第1章1－2）

このように、いずれも子どもの自発的な活動としての遊びを通して保育することを重要視している。

ある一つの遊びの中でも、さまざまな側面が連動している。例えば「お店屋さんごっこ」で、まず近くの商店街を思い出したり見学したりすることで「身近な環境とのかかわりに関する領域『環境』」の体験をすることになり、次に、紙でいろいろな商品を作ってみることで「感性と表現に関する領域『表現』」の体験をすることになる。また、協力し合ってお店屋さんを作っていくことで「人とのかかわりに関する領域『人間関係』」の体験をすることになり、物を買ったり売ったりする疑似体験を通してコミュニケーション力を養い、「言葉の獲得に関する領域『言葉』」の体験をすることになる。また、手指を使って細かい作業をすることや、栄養のバランスを考えたお弁当を紙で作ってみたりすることは「心身の健康に関する領域『健康』」につながる体験となる。幼児の心身の諸側面は、それぞれが独立して発達するものではなく、遊びを展開していく中でそれぞれの側面が相互に関連し合うことにより、発達が成し遂げられていくのである。

こうしたことを踏まえ、保育者は子どもの経験や興味・関心に沿ってさまざまな遊びをいっそう豊かに展開していくために、計画を立て適切な環境を用意して保育していくことになるが、子どもの遊びを主体的に取り組めない受動的な活動にしないように、柔軟に対応していくことが重要である。また、短絡的に遊びと学びがつながることを期待しすぎたり、子どもの活動がある種の知識・能力の習得に偏ったりしないように留意しておくことも必要である。

## 2.「触れ合い遊び」や「手遊び」を通しての学び

　子どもは0歳の時から、身近な養育者や保育者と「触れ合い遊び」や「手遊び」をすることも好む。「触れ合い遊び」とは、養育者や保育者が歌いながら子どもにリズミカルに触れながら遊ぶもので、笑顔で向かい合い温かいスキンシップのとれる遊びである。「手遊び」とは、歌いながらその歌詞の内容に合った手や指の動きをする中で、歌詞や手・指の動きをリズミカルに楽しむ遊びである。

　子どもは「手遊び」を通して、歌いながら体を動かすことで、自分なりのリズムやテンポを身につけていくだけでなく、リズムに合わせて呼吸を整えて身体を動かすことでリフレッシュし、気分の切り替えをしやすくなる。特に梅雨の時期など、外遊びができずストレスがたまるときに、リズミカルなものを取り入れることで、手足の心地よい運動になり、ストレス解消につながる。また、落ち着きを取り戻すためには、ゆったりとした早さで手遊びを行ったりするのも効果的である。例えば、子どものテンションが高くてなかなか落ち着けないときに「静かにしなさい！」と注意してもほとんど効果はないが、手遊び歌で楽しく気持ち良くリズムに自然に乗ってもらい、歌の終盤でゆったりとした早さにしていき、声のトーンも落ち着かせていくと、子どもたちは無理なくクールダウンし、落ち着きを取り戻すことができる。さらに子どもも自分なりに手の動きに集中して手遊びを行うことが多いので、集中力も養われ、

手の巧緻性も養い、手につながる脳の働きを活性化することにもつながっていく。また、歌に合わせて動くうちに体を動かす楽しさを知り、繰り返すことで体力も養い、なかなかうまくできなかった手遊びを楽しく繰り返し練習することによってできるようになったとき、自己肯定感や達成感を味わう。さらに、手遊び歌を通じて両手を使うことは、バランスの良い成長にもつながっていく。また、手遊びを通して歌詞の中であらゆる事物の名称やイメージ、大小の感覚などを覚えていくだけでなく、手遊びの中の物語に感情移入して遊ぶことで感受性を育み、自ら歌いながら演じることで表現力や想像力も養われる。さらに、手遊びは子ども自身でアレンジして楽しむこともできるため、子どもの発想力を無限に広げていく可能性を秘めている。

　このように「手遊び」は、子どもたちが楽しめるだけでなく発達に非常に効果的であるため、保育の現場では毎日のように行われている。したがって自ら行える手遊びのレパートリーが少ないとたいへん苦労するので、保育者になるための実習においてなるべく多くの手遊びをできるようにしておかねばならない。手遊びにはユーモラスなものが多く、自然と笑顔を引き出すことができるので、子どもとの交流を円滑にするために効果的である。また、いつでもどこでも、玩具も道具も要らずいっしょになって楽しむことができる遊びが「手遊び」なのである。

## 第2節　遊びと発達

### 1．発達と密接に関連して現れる遊び

　子どもの遊びは、子どもの発達と密接に関連して現れる。つまり、子どもの自発的な活動としての遊びは、子どものまさにその時の発達に必

要な体験が遊びとして生じることが多いため、遊びを通しての総合的な保育は、子どもの発達に効果的なのである。したがって保育者は、子どもと遊びや生活を共にする中で、一人ひとりの子どもの心身の発達の状態をよく把握しながら、子どもが主体的に自らの発達を促すような遊びをのびのびと展開していけるような環境を提供していかねばならない。

　例えば、発達を助長する原初的な遊びと言えるものに「ハンドリガード」がある。これは3～4カ月児が自分の手の存在に気づく発達の時期に見られる。自分の手をじっと見つめ、ときおり手を動かして、またじっと手を見つめることを繰り返す「ハンドリガード」が起きてから、まもなくガラガラを持てるようになり、手を動かすと音が鳴ることを知り、繰り返し振るという遊びを通して、さらに手をうまく動かすことができるようになっていく。

　繰り返し音を発声してみる喃語も、遊びの一種と言ってもいいだろう。何度も同じ音の発声を繰り返すことを通して、その音を安定して発声できるようになるのである。さらに少しずつ変えた音の発声を体験していき、いろいろな音を発声できるようになっていく。これも発達と密接に関連して現れる遊びであり、子どもにとってはまさにその時の発達のための重要な活動となる。

　また生後6カ月以降になると、個人差はあるものの「いないいないばぁ」で遊ぶことができるようになってくる。これは、ちょうど同じ時期に「物の永続性」の概念が発達する時期だからである。「物の永続性」の概念とは、目の前の物が布で隠されて見えなくなっても存在し続けるということを認識できることで、心理学者ピアジェによって説明されている。「いないいないばぁ」もいったん相手の顔が見えなくなるけれど、存在し続けていて、また再び現れることを予想して楽しむ遊びであり、物の永続性を理解し始めた時期だからこそ何度も繰り返し楽しめる遊びなのである。

　9カ月頃になると、はいはいもうまくなり、好きな場所へ自由に移動

すること自体が遊びとなる。また何でも口に入れてみることが遊びのような時期なので、保育者は玩具を清潔に保ち、危険なものは置かないようにして、子どもがのびのびと遊ぶことのできる環境を整備しておく必要がある。さらに、つかまり立ちをし始めると、見える世界が広がるため、探求心はますます旺盛になる。そして立っておもしろい物に向かって移動しようとすることが、伝い歩きへの発達を助長することになっていく。

　1歳3カ月頃になると歩き始め、手をいっそう使い、言葉を話し始めるため、いっそう活発に遊ぶようになる。転げながらも歩くこと自体を楽しみ、いっそう上手に歩けるようになっていく。象徴機能も発達してきて、積み木を車に見立てて遊んだりするようになる。また周囲の人への興味や関心も高まる。

　2歳頃になると、さらに行動範囲が広がり探索活動が盛んになり、活発に遊ぶようになる。また自我が育ってきて、強く自己主張する姿が見られ、遊びにおいても自分の意志を通そうとする。模倣行動を盛んに楽しむようになり、象徴機能もいっそう発達することよって、大人といっしょに簡単なごっこ遊びを楽しむようになる。

　3歳頃になると、友達との関わりが多くなるが、まだそれぞれが楽しんでいる平行遊びであることが多い。大人の行動や日常生活において経験したことをごっこ遊びに取り入れたり、象徴機能や観察力を発揮して、遊びの内容に発展性が見られるようになる。

　4歳頃になると、仲間とのつながりが強くなり、友達と遊ぶことを心から楽しみにするようになってくる。また人の気持ちを察し始め、自分の気持ちを抑えて我慢できるようになってくるとともに、ルールや決まりの大切さに気づき、ルールを守って遊ぼうとするようになってくる。

　5歳頃になると、仲間とともにいっそう楽しんで遊ぶようになる。言葉により共通のイメージを持って遊んだり、目的に向かって集団で行動することが増える。さらに、遊びを発展させ楽しむために、自分たちで

決まりを作って遊んだりする。また運動遊びも楽しむようになる。

6歳頃になると、仲間の意思を大切にして、役割の分担が生まれるような協同遊びやごっこ遊びを行うようになる。さまざまな知識や経験を生かし、創意工夫を重ね、遊びを発展させる。

小学生になると、少数の気の合う仲間で集団を作って遊ぶようになってくる。9・10歳頃になると、その集団はメンバーだけで通用するルールや約束ごとを作ったり、ときには基地のような秘密の場所などを作って楽しんだりする。このような集団を形成する時期のことをギャングエイジ（徒党時代）と呼ぶ。こうした自発的で主体的な遊びを通して、役割分担やルールを学び、協力し合うことの楽しさを味わい、社会性を身につけていき、仲間集団内や集団間、個人間でのあらゆるトラブルを経験し切磋琢磨していくことは、社会的スキルそして人間関係力の向上につながっていくことになる。

## 2. 同年齢の子どもとの遊びの変化

パーテン（M. B. Parten）は、子どもの遊びを同年齢の子どもとの人間関係の観点から分類し（p.65図表1参照）、相互作用のない遊びから相互作用のある遊びへと変化していくと唱えた［Parten, 1932］。

例えば子どもの遊びは、初め身近な大人と相互作用を持つ「触れ合い遊び」などは大好きだが、同年齢の子どもとは相互作用のない遊びが多く、ガラガラを鳴らして遊ぶというような「一人遊び」が多い。

次に2歳後半頃の子どもは、遊んでいる同年齢の子どもに興味を示して他者の遊ぶ姿を「傍観」することがある。また「傍観」だけでなく、2〜3歳頃の子どもはまだ同年齢の子どもといっしょに遊ぶという明確な相互作用はないが、遊んでいる他者の近くで遊ぶ「平行遊び」をすることが多くなる。一見するといっしょに遊んでいるように見えるが、よく見ると、それぞれ別々のことをして遊んでいる。しかし周りで同年齢の子どもが遊んでいると、刺激を受けて非常に楽しそうに遊び、その子

どもが去ってしまうとつまらなさそうにしたりする。

　3〜4歳頃になると、同年齢の子どもといっしょによく遊ぶが、協力し合うところまではいかない「連合遊び」が多くなる。そして5歳頃になると、同年齢の子どもたちと共通した目的を持って役割分担し協力し合っていっしょに遊ぶという「協同遊び」が見られるようになる。

　例えば「ままごと」というごっこ遊びにおいても、入れ物に砂を入れて「まんま」と大人に言うだけの簡単なごっこ遊びから始まる。そして同年齢の子どもとともにいるが個々に型に入れた砂をひっくり返して「ゼリー」などとばらばらに言っている段階から、それぞれ役を設定して演じて楽しんだり、友達が泥水を混ぜてスープを作っていたら、自分は草を入れ物に入れてサラダを作ってみるというように、みんなで豪華な食卓作りに向けて協力し合って遊ぶようになる段階へと発展していくのである。

## 第3節　現代の子どもの遊びをめぐる問題

### 1. 遊びの変化と体力の低下

　現代の子どもには、遊ぶ時間も空間も仲間も十分にはない場合が多い。したがって現代社会特有の子どもの遊びの特徴は、思う存分遊ぶという感じではなく、体力向上にはつながらない室内遊びが多く、室外であっても自然の中で生き生きと遊ぶような機会は少なく、ほとんどが人工的な環境の中での遊びである。また1人で遊ぶか少人数での遊びが多い。具体的には、テレビを見たり、ゲームをしたり、マンガを読んだりして自由時間を過ごしていることが多いという。

　かつて子どもは、屋外における集団遊びを通して、大人になってから

**図表1　小学5年生における体格と体力の変化**

|  | 小学5年男子 | | 小学5年女子 | |
|---|---|---|---|---|
|  | 1985年 | 2010年 | 1985年 | 2010年 |
| 身長（cm） | 138.11 | 138.78 | 138.90 | 140.17 |
| 体重（kg） | 32.93 | 34.08 | 32.91 | 34.12 |
| 握力（kg） | 18.35 | 16.91 | 16.93 | 16.37 |
| 50m走（秒） | 9.05 | 9.38 | 9.34 | 9.65 |
| ソフトボール投げ（m） | 29.94 | 25.23 | 17.60 | 14.55 |

出典：文部科学省「体力・運動能力調査」を基に作成

では体得できない経験を積んできた。例えば、自分と違う年齢の子どもとも出会い交流することで多様な人間関係力を養ってきただけでなく、何時間も続けて全身を動かして、けんかをしたり転げたりしても少々のことではめげずに思う存分遊び続けることで、なにより精神力と体力を養ってきた。しかし現在、おおぜいで伸び伸びと安全に遊べる広い場所が少なくなってきたことや、変質者や交通事故を心配しなければいけないこと、また子どもの絶対数も少なくなり、そのうえ習い事に通う子どもが増えたため、昔のように誘えばいつでも遊べるような関係の仲間がほどんどいないのが現状である。そして、けっきょくテレビを見る時間が長くなり、運良く仲間といっしょにいられても、ゲームをして遊んでいたりする。

　外遊びをしなくなった子どもたちの体力低下は深刻である。文部科学省の「体力・運動能力調査」から、1985年と2010年の小学5年生の男女を比較すると、体格は良くなっているのに、運動能力は明らかに低下している（**図表1**）。現在では、体操教室やスイミング教室、サッカー教室などが増え、運動能力はわざわざ習い事をさせて培わないといけないというような世の中になってきている。では、体操教室に通えない子どもはどうなるのだろうか。ある保育所では、子どもたちに自発的な遊びの中で体力を養い、危険回避能力の向上を図るために、楽しい運動遊びを積極的に取り入れた保育を行っている。

## 2. 遊びの環境の整備

　現代の子どもたちは、身近に遊び仲間がいなかったり、安全な遊び場がなかったりするために、自由に伸び伸びと思う存分遊ぶことのできない環境の中で暮らしている。保育所や幼稚園は、そういった子どもたちに必要な、思う存分遊ぶことのできる環境を提供していくことがいっそう望まれている。しかしながら、日本の保育所や幼稚園の園庭の多くは、芝生もなく砂埃が舞っており、木陰も少ないため夏場は暑い砂漠のような状態になる。このような園庭は、本来いきいきと遊び続けられるような環境ではない。今後は園庭をもっと緑化して、どの子どももきれいな空気の中でいきいきと遊ぶことのできるような環境を用意すべきである。

　また、子どもは人工的な玩具にすぐに飽きてしまう、ということをしばしば耳にする。現代の子どもたちでも、自然の中に連れて行くと、人工的な玩具のない中で延々と遊び続けることが多い。自然の中で五感を使う遊びは、多くのことを学べるだけでなく、工夫しだいでおもしろい遊びがたくさんできる。例えば、山の地形や落ちている自然の素材をうまく利用して、自分たちだけの遊びを展開して発展させていくことができる。また、でこぼこの地面の上で遊ぶことで足も鍛えられ、危ない場所と安全な場所を体感していくことで、危機回避能力の向上にもつながっていく。さらに、多種多様な昆虫や植物と出会い、生物についての知識が培われることで、その後生きていくために必要な基礎知識となっていく。また、緑あふれる環境の中で遊ぶことは、心身ともに癒やされることにつながり、リフレッシュ効果もある。

　このように、自然の中での遊びはたいへん有意義であるが、現代の日本においては自然がいっそう減少しつつあり、先に述べたように多くの園庭も緑が少なく、都会の子どもたちはめったに自然の中で遊ぶことができない。ある地域では、保育所に隣接する部分に自然を体感できる広い公園が確保されており、その保育所の子どもたちは、その公園に行く

といつも一所懸命に遊ぶことができるという。このように、今後は地域ぐるみで、子どもたちに少しでも自然を体感して思う存分遊ぶことのできる場を確保するよう努力していくことが望まれている。

【演習課題】
1. 子どもの遊びと大人の役割について考えてみよう。
2. 現代の子どもの遊びをめぐる問題について考えてみよう。

【引用・参考文献】
全国保育団体連絡会・保育研究所編『保育白書〈2010〉〈2011〉』ちいさいなかま社、2010・2011年
高岡昌子「発達」塩見邦雄編『教育実践心理学』ナカニシヤ出版、2008年
鶴山博之・橋爪和夫・中野綾「子どもの遊びの実態に関する研究」富山国際大学編『国際教養学部紀要』Vol.4, 2008年
文部科学省「平成22年度全国体力・運動能力、運動習慣等調査結果」2010年（http://www.mext.go.jp/a_menu/sports/kodomo/zencyo/1300107.htm）
M. Parten, "Social participation among pre-school children", *Journal of Abnormal and Social Psychology*, 27, 1932, pp.243-269

# 第10章 生涯発達と生きる力の養成

藤原　善美

## 第1節　生涯発達の基礎となる幼児期

　生涯発達の過程で幼児期は急激な成長を示し、他の発達段階と比べて発達の速さと量において突出した時期である。幼児期の子どもは弱々しい存在に見えるかもしれないが、この時期特有の認知の仕方によって独特の世界観を持つ個性的な存在であり、驚異的な学習能力を発揮して、著しい発達を遂げる力を内在している。

　発達の初期である幼児期の経験は、その後の発達過程に大きな影響を及ぼす。時間的に発達の初期になされる経験を初期経験というが、初期経験は発達の他の時期よりも後の発達過程に対して大きな影響を持つとされている。

　ローレンツ（K. Lorenz, 1903～1989）は、ひなが孵化後の特定の時期に目にした「動くもの」に対して後追い反応を示すという現象を報告した。このような現象を刻印づけ（インプリティング、imprinting）、あるいは刷り込みという。刻印づけで特徴的な点は、感受性の高い生後初期の短い時期を逃すと、後追い反応を示さなくなることである。このことから、ある特質を獲得するのには特定の限られた時期があることが示唆され、このような期間のことを臨界期（critical period）という。ただし、その後の研究で、このような期間は修正不可能なものではなく、柔軟性のある可逆的なものであるという意味で、敏感期（sensitive period）と呼ばれるようになった。

　子どもにとっての初期経験は、主に家庭生活での養育者との関係性において経験されるが、保育の現場における保育者や他の子どもとの相互作用、さまざまな遊戯においても経験される。したがって、幼児期における家庭生活や保育場面での初期経験が適切であることが、その後の発達における適応を促進するのである。

## 1. 生涯発達を捉えるための主な概念

　生涯発達とは、人の受胎あるいは誕生から死亡するまでの間に示す身体的・行動的・認知的な変化のことである。従来の発達心理学に比べて、生涯発達心理学は、誕生から成人に至るまでの成長増大過程だけではなく、成人期以降の変化も発達の中に含めることを強調した立場である。

　生涯発達の視点から発達を理解するうえで重要な概念には、ライフコース、ライフサイクル、ライフスパン、ライフヒストリーなどが挙げられる。ライフコースは、例えば「大学卒業→就職→結婚→子どもの誕生」のように、実際に生じた出来事や役割に基づいて人生を捉える。一方でライフサイクルは、例えば、乳児期・幼児期・児童期・青年期・成人期・老人期のように発達段階に区分して人生を捉える。またライフスパンは、生から死を一つの区分として人生を捉えようとする。そしてライフヒストリーは、生活・出来事などの年代史についての保存された記録や、自己報告された物語等によって人生を捉えようとする。

　本章では生涯発達を捉えるために、主な理論であるライフサイクル理論について説明する。ライフサイクルは、生活周期（生活環）ともいい、生物である個体の出生・成長・死亡という時間経過による規則的変化の過程のことである。ライフサイクルの代表的な理論として、エリクソン（E. H. Erikson, 1902〜1994）の心理・社会的発達理論や、ユング（C. G. Jung, 1875〜1961）の理論に基づいたレヴィンソン（D. J. Levinson, 1920〜1994）の「人生の四季」という考え方がある。

　エリクソンは各発達段階のみならず、個人のライフサイクルを超越した世代間のサイクルにも着目しており、ライフサイクルという用語が注目される契機となった（**図表1**）。このライフサイクルの視点から発達を捉えることは、人間の一生の規則的変化を理解するうえで有用である。

　またユングは、ライフサイクルを心理学的に理解しようとした第一人者の一人である。ユングは、人生を太陽の運行として捉え、少年期、成

**図表1　エリクソンのライフサイクル**

| 発達段階 | A 心理・性的段階と様式 | B 心理・社会的危機 | C 重要な関係の範囲 | D 基本的強さ | E 中核的病理 基本的な不協和傾向 | F 関連する社会秩序の原理 | G 総合的儀式化 | H 儀式主義 |
|---|---|---|---|---|---|---|---|---|
| I 乳児期 | 口唇―呼吸器的、感覚―筋肉的（取り入れ的） | 基本的信頼 対 基本的不信 | 母親的人物 | 希望 | 引きこもり | 宇宙的秩序 | ヌミノース的 | 偶像崇拝 |
| II 幼児期初期 | 肛門―尿道的、筋肉的（把持―排泄的） | 自律性 対 恥、疑惑 | 親的人物 | 意志 | 強迫 | 「法と秩序」 | 分別的（裁判的） | 法律至上主義 |
| III 遊戯期 | 幼児―性器的、移動的（侵入的、内包的） | 自主性 対 罪悪感 | 基本家族 | 目的 | 制止 | 理想の原型 | 演劇的 | 道徳主義 |
| IV 学童期 | 「潜伏期」 | 勤勉性 対 劣等感 | 「近隣」、学校 | 適格 | 不活発 | 技術的秩序 | 形式的 | 形式主義 |
| V 青年期 | 思春期 | 同一性 対 同一性の混乱 | 仲間集団と外集団；リーダーシップの諸モデル | 忠誠 | 役割拒否 | イデオロギー的世界観 | イデオロギー的 | トータリズム |
| VI 前成人期 | 性器期 | 親密性 対 孤立 | 友情、性愛、競争、協力関係におけるパートナー | 愛 | 排他性 | 協力と競争のパターン | 提携的 | エリート意識 |
| VII 成人期 | （子孫を生み出す） | 生殖性 対 停滞性 | （分担する）労働と（共有する）家族 | 世話 | 拒否性 | 教育と伝統の思潮 | 世代継承的 | 権威至上主義 |
| VIII 老年期 | （感性的モードの普遍化） | 統合 対 絶望 | 「人類」「私の種族」 | 英知 | 侮蔑 | 英知 | 哲学的 | ドグマティズム |

出典：[エリクソン&エリクソン, 2001] を基に作成

人前期、中年期、老人期の4つの時期に分けた。時期の移行には転機（turning point）があり、特に中年への転換期は、人生の午前から午後へ移行する「人生の正午」であり、人生最大の危機であるとした。

　このようなユングやエリクソンのライフサイクル理論に基づいて、レヴィンソンは、ライフサイクルを誕生から死亡までの過程と捉え、異なる社会・文化で共通するパターンがあるとした。また、ライフサイクルは時期によって質的に異なると捉え、春（児童期・青年期）、夏（成人前期）、秋（中年期）、冬（老年期）という四季に分けて考えた。これらの質的に異なる発達段階は、どんなことに時間やエネルギーを費やすか等の生活の基本的パターンである生活構造（life structure）の変化によって生じる。生活構造は、階層・宗教・家族・職業等の「社会文化的環境」、意識的・無意識的な「自己」、恋人・友人・親等のさまざまな役割による「外界への参加」という3つの側面がある。またレヴィンソンは、人生の「夏」である成人前期から「秋」である中年期への発達段階を示した。アメリカ人男性の場合、40歳頃から中年期への過渡期が生じ、「人生半ばの過渡期」とした。

　ユングやレヴィンソンが中年以降に焦点を当てて人生を捉えたことは、生まれてから青年期までを中心にしていた従来の発達心理学の観点を生涯に広げる契機となった。ライフサイクルは、一生の身体的・心理的変化の規則性に焦点を当てており、生涯発達的観点から人間の発達を理解する際に重要となる概念である。

## 2. 幼児期の認知および言語の発達

　幼児期の認知と言語の著しい発達は子どもの内的世界を一挙に広げ、自らが属する社会の価値観を身につけていく社会化を促し、生涯発達における生きる力の礎を築いていく。

　子どもは、特徴的な認知の世界を持ち、発達段階ごとに変化が見られる。ピアジェ（J. Piajet, 1896 ～ 1980）は知能の発達過程を、感覚運動期

（0～2歳）、前操作期（2～7歳）、具体的操作期（7～12歳）、形式的操作期（12歳以上）の4段階に区分した。

　感覚運動期には、言語が未発達で運動と感覚だけが頼りであるが、幼児期に当たる前操作期には、表象が出現し、目の前にない事物や出来事も頭の中でイメージとして思い浮かべて考える象徴的思考ができるようになる。このことによって物の永続性が理解できるようになり、例えば、隠されたおもちゃを見つけ出すことができる。さらに、この時期にある子どもは象徴遊び（ごっこ遊び）が可能になり、ままごとなどの遊びをするようになる。また、見えたままの大きさや高さが優先される直観的思考を持つために、保存の概念が未発達である。液量の保存の概念、数の保存概念、長さの保存概念などは見た目に惑わされ、これらの保存の概念が確立されるのは6～7歳くらいとされる。

　そして、自分の立場からの見方・感じ方に捉われる傾向があり、1つの側面にしか注意が向けられない自己中心性という特徴が見られる。そのため、3つ山問題という課題に失敗する。子どもに3つの模型の山を見せ、反対側に置いた人形からどのように見えるかを聞くと、自分と同じように見えると答える。これは、実際に自分が動かずに、頭の中だけで視点を切り替えるという「操作」ができないからである。

　前操作期に出現する表象の形成には「言語」が大きな意味を持つが、幼児期の言語の発達には目をみはるものがある。新生児期には啼泣（ていきゅう）が見られ、しだいに泣き声が信号としての役割を果たすようになり、生後2カ月頃から7～8カ月頃は喃語と呼ばれる無意味な音の連続が発せられるようになる。そして、1歳前後から2歳前後には、1単語から成る発話がなされ、2歳頃には2単語による発話、3歳頃には3単語くらいを用いて、助詞の使用が見られる文章を話すことができるようになり、一般的に4歳頃にもなれば、母国語の発音・語彙・文法を獲得する。2歳以降には、1年間におよそ1000語も語彙が増加するとされ、飛躍的な発達を遂げる。

　このような幼児期の認知と言語の急激な発達に家庭と学校教育の果た

す役割は大きい。「考える」「話す」などの、社会で生きていくうえでの基本的な人間らしさは、家庭によってその基礎が形成され、学校教育によって補強されていくのである。

## 第2節　家庭の問題と発達への影響力

### 1. 子どもを取り巻く人的環境

　家庭教育は、子どもの育ちの出発点である。子どもに基本的な生活習慣を身につけさせ、自律の精神を涵養し、適応的な発達を遂げさせるための基盤は家庭にあると言える。例えば、毎日のお手伝いや挨拶、規則正しい食事、早寝早起きなど家庭における日常生活での基本的なしつけが、生涯にわたる生きる力を培うのである。

　しかし、幼児・児童虐待、子どもの基本的生活習慣の未確立と生活リズムの乱れ、夫婦間の不和や離婚等による複雑な家庭環境、核家族化に伴う孤立した養育者の育児不安の増大など、家庭における諸問題は現代社会の価値観の多様化や科学の発達に伴って、さまざまな形で顕在化してきた。子どもにとって安全基地となるはずの家庭における諸問題が、子どもの発達を阻害し、子どもの問題行動を助長することさえある。

　個人を取り巻く家族や知人などの人々のことをコンボイ（convoy）という。**図表2**は、コンボイを個人の円を取り巻くいくつかの同心円によって示したものである。中心の円（P）は焦点となる人を、その周囲の3つの同心円がコンボイを示す。コンボイの調査の際には、このような個人を取り巻く3つの円でイメージされたコンボイの各領域に該当するメンバーを挙げさせる。

　第1の同心円は、配偶者や親友、特に親密な家族成員のように、個人

図表2　コンボイ

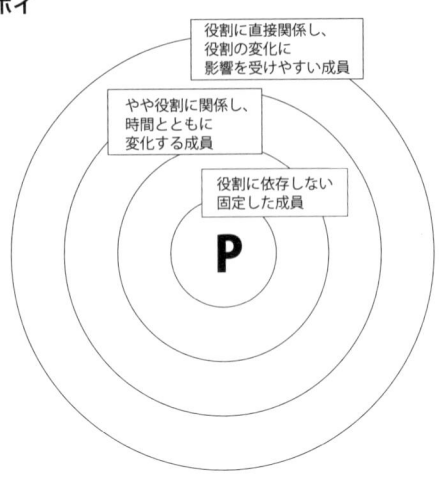

役割に直接関係し、役割の変化に影響を受けやすい成員

やや役割に関係し、時間とともに変化する成員

役割に依存しない固定した成員

P

出典：[Kahn & Antonucci, 1980] を基に作成

にとって最も親密で役割に関係ない固定的なコンボイの成員を指す。その周りの第2の同心円は、家族や親戚、職場や近所の親しい友人などのように、役割の変化にある程度影響され、時間の経過とともに変化するコンボイの成員を指す。最も外側の第3の同心円は、上司、同僚、隣人などのように、役割の変化に大きく影響される構成員を指す。特に、第1の同心円がそもそも存在するのかどうかと、どれだけ多くの人が含まれるのかが、幸福感やストレス対処能力の予測因子になるとされる。子どもにとってのコンボイにおける第1の同心円は主に養育者となり、彼らの働きかけが子どもの心身の発達に大きな影響を及ぼすことになる。

## 2. 親子の信頼関係

　養育者との情緒的結びつきのことを、ボウルビィ（J. Bowlby, 1907～1990）は愛着（attachment）と呼んだ。赤ちゃんは7カ月くらいになると、母親が離れようとすると泣き叫ぶというような分離不安に陥る一方で、見知らぬ人には人見知りをするようになる。これは、乳児と養育者との間に愛着が形成されたことを示す。

しかし、愛着はすべての子どもにおいて健全に発達するわけではなく、さまざまな愛着の様相を示すとされている。幼児期に形成された愛着関係は、内的ワーキングモデルとしてその後の発達に影響を及ぼす。子どもは養育者との愛着に基づいて形成した他者についての期待をモデルにして、その後の人間関係のパターンを築いていくのだ。

　愛着パターンの測定方法としては、エインズワース（M. D. S. Ainsworth, 1913～1999）らが実施したストレンジ・シチュエーション法がある。この方法は、子どもと母親が実験室に入室し、見知らぬ人が入室すると母親が退室し、再度母親が戻ってくるというような8つのエピソードから構成される。子どもが母親との分離と再会の過程においてどのような反応を示したかによって、安定型・回避型・アンビバレント型という3つの愛着パターンが示された。

　安定型の子どもは、母親と分離されている時は泣き、再会の時には母親に接近行動を示す。このような愛着タイプの子どもは、新奇な状況への探索行動を活発に行うことが可能となる。養育者との信頼関係が築かれており、その後の発達の過程で養育者以外の友人などと関係を築く際にも積極的で安定した態度を示す傾向がある。

　回避型の子どもは、母親と分離されても泣かず、再会の時にも母親を避ける。このような愛着タイプの子どもは、養育者との信頼関係が形成されず、その後の発達の過程においても他者に対して攻撃的な態度を示し、人間関係が希薄となる傾向がある。

　アンビバレント型の子どもは、母親と分離されると激しく泣き、再会の時には接触を求めると同時に、母親をたたいたりして強い怒りを示す。このような愛着タイプの子どもは養育者との信頼関係を築けず、その後の発達の過程においても他者に従属的な態度をとるなどして、望ましい人間関係を築くことが困難となる傾向がある。

　このように発達の初期における愛着パターンが、その後の適切な対人関係の形成に少なからず影響を及ぼすため、家庭における養育者の愛情

ある一貫した養育態度が求められるのである。現代社会においてコミュニケーション能力は最も重視されるコンピテンシーの一つであり、この能力を培うためには家庭が安全基地として機能することが重要である。

## 第3節 「生きる力」を育む学校教育の役割

### 1. 新学習指導要領に掲げられた「生きる力」の育成

　2008年3月に小・中学校の学習指導要領および幼稚園教育要領が、2009年3月に高等学校・特別支援学校の学習指導要領が改訂され、新学習指導要領の全面実施が順次なされている。新学習指導要領では「ゆとり」か「詰め込み」かという二項対立ではなく、基礎的・基本的な知識・技能の習得と、思考力・判断力・表現力の育成の両方を重視している。そのために、授業時数の増加や教育内容の改善がなされている。

　新学習指導要領では、2002年から引き続き、知・徳・体のバランスのとれた力である「生きる力」を育むことが理念として掲げられている。これからの社会では、確かな学力、豊かな心、健やかな体をバランスよく育むことが求められているのだ。人材育成の国際競争が激しい現代社会において、次代を担う子どもたちの「生きる力」を学校教育において育成することはよりいっそう急務となっている。

　しかし、実際の学校生活には、子どもどうしの葛藤や、先生との関係、勉強や運動における同世代間の比較など、ストレス反応を引き起こすさまざまなストレッサーが少なからず存在する。学校生活においてストレス反応が高まった子どもは、抑うつや攻撃性の高揚などの心理的な不適応や、頭痛や腹痛、チック、爪かみ、夜尿などの身体的な不適応、暴力、いじめ、引きこもりなどの行動的な不適応を示す。

## 2. カウンセリングマインドによる子どもとの関わり

　子どもの学校生活におけるストレッサーとそれに伴うストレス反応を緩和する適切な指導のあり方の基軸となるのが、カウンセリングマインドである。学校教育におけるカウンセリングマインドとは、個々の子ども心理を十分理解し、子どもの気持ちになって支援することである。

　カウンセリングマインドの前提にあるのは、来談者中心療法である。この心理療法の考え方は、子どもの個人の内面を理解し、成長の方向を探る援助者となることによって、子ども自身が問題解決する過程を促すことである。したがって、教員は、子どもの悩みや問題に対して解決案を出したり、その問題自体を取り除いたりするのではなく、子どもとの間に望ましい人間関係を構築することにより、子どもが自らの力を十分発揮し、自らの力で問題を解決していけるようにすることが重要である。

　来談者中心療法に基づいて考えると、子どもが自己への気づきと自己実現欲求によって、自分自身の問題を解決していく過程を促進するための3条件は、①無条件の肯定的配慮、②共感的理解、③自己一致である。

　①の無条件の肯定的配慮とは、子どものあらゆる側面に肯定的で積極的な関心を向けることである。成績が良いから、いい子だからではなく、ありのままを認められることによって、子どもが自分の問題に落ち着いて向き合えるようになる。②の共感的理解とは、子どもの内的世界をあたかも自分自身のものであるかのように感じ取り、子どもに正確に伝えることである。子どもに同情するというのではなく、子どもが見ているように問題を見ることが必要である。③の自己一致とは、教員自身が自分のさまざまな感情に気づいており、それらを否定せず、必要ならそれを表現できる状態にあることである。例えば、子どもの話が理解できないときには、曖昧にせずに率直に聞き返すべきである。

　日常の学校生活の中で実施される教員によるカウンセリングが充実することによって、子どもの問題行動を事前に予防し、潜在能力を開発す

ることにつながる。このようなカウンセリングマインドに基づいた働きかけが、子どもの豊かな心、確かな学力、健やかな体を築く一助となり、バランスのとれた「生きる力」を育むのである。子どもは一人で望ましい成長を遂げるのではなく、学校教育における家族以外の他者との遭遇とその後の相互作用によって、確固とした社会性を身につけていく。

【演習課題】
1. コンボイの説明をよく読んで、図表2のコンボイの3つの同心円に、現在のあなたに実際に当てはまる成員の名前を記入して、幼児期に当てはまっていた成員と比較してみよう。
2. 次の手順に従って、相手の話を聴くという実習をしてみよう。
   ①2人組のグループを作り、子ども役、先生役を決定する。
   ②先生役は「話を聴かない態度」を体験し（約3分）、次に「話を聴く態度」を体験する（約3分）。
   ③役割交代をして同様に行い（約3分ずつ）、最後に先生役の態度について話し合う。

【参考文献】

E・H・エリクソン、J・M・エリクソン（村瀬孝雄・近藤邦夫訳）『ライフサイクル、その完結〔増補版〕』みすず書房、2001年

D・J・レヴィンソン（南博訳）『ライフサイクルの心理学（上・下）』講談社学術文庫、1992年

J. Bowlby, *Attachment and Loss, Vol.1 (Attachment)*, NY: Basic Books., 1969

R. L. Kahn & T. C. Antonucci, "Convoys over the life course : Attachment, roles and support", P. B. Baltes & O. G. Brim (Eds.), *Life-span development and behavior*, Vol. 3. Academic Press. pp.253-286

第11章

# 基本的生活習慣の獲得

加藤　由美

## 第1節　基本的生活習慣とは

### 1．基本的生活習慣とは

　人間が生きていくために必要な行為の中で、日常的に繰り返されるものが生活習慣であり、その中でも特に基本的なものが「基本的生活習慣」である。保育の現場においては、基本的生活習慣は「食事」、「排泄」、「睡眠」、「衣服の着脱」、「清潔」という5つの領域に分けて捉えられている。人間の生理的欲求を満たすものが「食事」、「排泄」、「睡眠」の生活習慣であり、これらは最も早期の子どもが母親などの他者と信頼関係を築く重要な時期にその形成が始められる。そして、社会的・文化的基盤に立ち、人が快適に生活するために必要なものが、「衣服の着脱」、「清潔」の生活習慣である。

### 2．基本的生活習慣の内容

　それでは、これらの生活習慣の具体的な内容としてはどのようなものが挙げられるのだろうか？
　食事については、乳汁から離乳食、そして食事への移行期に関すること、箸などの食器の使い方を習得し、自分で食事をとること、食事作法を習得すること、食べ物の好き嫌いや間食のことなどが含まれる。
　排泄については、そのしつけ方をトイレット・トレーニングと呼び、後の子どもの精神に重要な影響をもたらすとされている。おむつの使用、排尿や排便を予告・後告すること、便器で用を足すに至るまでの排泄の自立に関することなどが含まれる。
　睡眠については、寝つき（就寝形態）、睡眠時間、就寝前の準備行動とその自立に関することなど、睡眠そのものだけでなく就寝に至るまで

の行動や就寝中の行動も含まれる。

次に「衣服の着脱」については、パンツの脱ぎはき、シャツの脱ぎ着、靴下や靴の脱ぎ履き、ボタンのかけ外し、帽子をかぶることなどが含まれる。

また「清潔」については、顔を洗う、食事前の手洗い、うがい、食後の歯磨きなど、健康の保持・増進にとって衛生上大切な内容が含まれる。

以上のような基本的生活習慣の内容は、幼児期に身につけることが必要とされており、家庭・幼稚園・保育所での教育・保育の目標の一つとなっている。

### 【演習課題】
1. 基本的生活習慣と考えられる5つの習慣とは何か？
2. 基本的生活習慣に関して、次のような子どもの姿が見られるのは、およそ何歳頃だろうか？調べてみよう。
- 食事の前後や汚れたら顔や手を拭いてもらい、清潔になることの心地よさを感じる。
- 失敗することもあるが、適宜一人で排泄する。
- うがい、手洗いの意味が分かって、身体や身の回りを清潔にする。
- 靴を一人で履く。
- 上着のボタンをかける。
- 休息する訳が分かり、運動や食事の後は静かに休息する。
- スプーン、フォークを持って自分で食べようとする気持ちが芽生える。
- 友達と楽しんで食事し、食事の仕方が身につく。
3. 幼稚園教育要領、保育所保育指針の中から、基本的生活習慣に関する記述を抜き出してみよう。そして、保育者として子どもたちにどのような関わり（環境づくり、援助等）が求められているのかを考えてみよう。

## 第2節　基本的生活習慣の文化的・心理的意義

### 1．基本的生活習慣の文化的意義

　人間も他の動物と同様、空腹になれば食べ、眠くなれば眠る。それは生命を維持するために必要なことである。しかし人間は、決まった時間に決まった方法でそれを行う。そこには、外部から強いられたり自ら練習したりして身につける行動様式、いわば文化がある。人は、特定の社会の中で生まれ育ち、生活することによって、その仲間と共通の生活習慣や規律を持つ。それは、ゲゼル（A. L. Gesell, 1880～1961）の言う「文化適応」と言えるだろう。

　基本的生活習慣は、社会人として最低限身につけておくべきものであり、その形成を考えたときに大切なのは幼児期である。この時期に着実に身につけておかなければ、その後の生活に支障を来す恐れがある。社会や文化への適応を促すことにもつながる基本的生活習慣の育成は、保育を行ううえでとりわけ重視する必要があると言えよう。

### 2．基本的生活習慣の心理的意義

　基本的生活習慣の形成は、身体の諸機能や生理面と関係が深い。そして、心理的発達との関連においても重要である。例えば、箸で食べるといった食事マナーや衣服の着脱などの生活習慣を獲得していくためには、まず身体的な成長や運動能力の発達がその基盤にあるとしても、子ども自身の「自分で～したい」という意欲は欠かせないものである。最初は、養育者である大人の受容的・応答的態度によって安定感を得た子どもが、大人の援助によって徐々にさまざまなことが「できる」経験を積み重ねていく。そうした中で、「自分でしよう」「自分でできた」といった意欲

や自信が育まれていく。

　基本的生活習慣の形成においては、大人が、子どもの姿をしっかり捉えて賞賛したり、失敗したときには励ましたりすることで、子どもの自尊感情を育てていくことが、精神面・人格面の発達に影響を与えることにつながる。

　生活習慣を形成することにより、子どもは日々の生活に意欲的・積極的に取り組み、生きる力を拡大していく。つまり、生活習慣の形成は、社会への適応を意味し、社会的自立の基盤をなすものであると言える。

# 第3節　現代の子どもの生活習慣

## 1．時代による子どもの生活習慣の推移

　子どもの生活科学研究会（代表・谷田貝公昭）の調査によると、現代の幼児は50年前の幼児よりも、基本的生活習慣の獲得の時期が早くなってきていると指摘している［村越、2009］。そして自立が早まった原因として、生活形態の変化や親の育児・しつけに関する意識の変化を挙げている。例えば、排便、着脱衣、就寝前の歯磨きなど、50年前に比べてかなり自立の時期が早くなっているのは、親のしつけに対する関心が強くなっているためではないかと述べている。しかし、中には自立が遅くなっているものもあり、現代でも基本的生活習慣が確立していない子どもが少なくないとも言われている。

　時代の推移により変化のあった基本的生活習慣の内容としては、食事時間が長くなっていること、就寝時間が遅くなっていること、箸が使えなくなっていること、ひもが結べないこと等が挙げられよう。

　近年、さまざまな子どもの問題行動が取り上げられている。その背景

には、基本的生活習慣が確立していないために起こる生活リズムの乱れ等が関係していることも考えられる。

## 2. 現代の子どもの生活習慣の実態例

　現代の子どもの多くは、食事、睡眠、しつけ、遊びの4つが習慣づけられていないという指摘がある［近喰、2007］。最近の子どもの傾向としてまず思い浮かぶのは、睡眠時間の減少である。日本の子どもの睡眠は遅寝遅起き型と言われており、睡眠時間の不足は、食欲や集中力の低下、感情コントロールの困難さ等、子どもの体と心に悪影響をもたらしていると考えられる。この問題は、テレビや新聞等で取り上げられることも多い。以下は、新聞記事の一部を抜粋したものである。

　　『夜更かしする子どもたち』
　　　朝、ぼーっとしていて先生の話が聴けない小学生。「疲れている」。外へ遊びに誘っても断る保育園児。そんな寝不足気味の子どもたちが、問題になっている。
　　　夜更かしの原因の一つはテレビだ。午後10過ぎのお笑い番組や連続ドラマを、「親と一緒になんとなく見てしまう子は珍しくない。親御さんも注意しない」(小学校の養護教諭)。携帯型ゲーム機の普及も大きい。外食産業の深夜営業や24時間営業のコンビニエンスストアの増加などで、午後10時を過ぎても街に幼児の姿を見かけることは珍しくない。
　　　　　　　　　　　　　　　　　　　(2010.7.11付け『毎日新聞』朝刊)

　就寝時刻が遅くなると朝の目覚めも悪く、朝食をきちんと取れない、規則的な排便の習慣が確立されない等の悪循環につながっていく。

## 3. 生活習慣の改善に向けた実践事例

　以下の新聞記事には、子どもの早寝早起きのための実践が紹介されて

いる（筆者が一部改め抜粋）。

『早寝早起き 親の工夫で』
　小学2年生Mさんは、今年1月から、学校で配られた「早起き・早寝カレンダー」への記入を続けている。毎日、起床と就寝の時刻を点で記し、つなげて折れ線グラフにすることで、変化が見えるようになった。これまで夕食が午後8時、就寝が10時、起床が午前7時過ぎと遅めだった。親子で話し合い、夕食を午後7時にしたところ、就寝が少しずつ早まり、9時に寝られるように。姉や弟も刺激を受け、朝も声を掛け合って午前6時半には起きるようになり、8時前の登校班の集合時刻に遅れることもなくなった。母親は「カレンダーでやる気が出たようです。朝からせかせずに済み、子どもとの口論が減りました」と話す。(2011.2.25付け『読売新聞（東京）』朝刊)

　また、睡眠・食事・排便を中核として実践に取り組んだ報告の中から、排便についての指導に取り組んだ事例を以下に紹介する（筆者が一部抜粋、要約）。

　保護者に子どもの毎日の排便の様子を把握してもらうことをねらいとし「ばなな うんちカード」を配布したところ、70%の子が毎日うんちが出ていないという結果が出た。そこで、子ども達にもうんちを出すことの大切さや毎日うんちを出すポイントを絵本を通して具体的に分かりやすく知らせることとした。誕生会で全園児が集まり、職員の出し物の一つとしてパワーポイントを使い「うんこダスマン」（ほるぷ出版）の絵本を紹介した。子ども達は、日頃耳にしないうんちという言葉に興味を持ち、食い入るようにお話を聞いていた。カードを配布してから、子ども達の中には「ばなうんち」という言葉は少しずつ定着してきた。
　そこで、排便についてのおたよりを保護者に配布し、排便の大切さを知らせた。また、家庭と園とがうんちについて共通理解を図りながら、子ど

も達とかかわれるよう指導を行うこととした。各クラスに「うんちポスター」を貼り、うんちについて、興味、関心が持てるよう、環境を整えながら、子ども達が自ら、「うんちが毎日出ることの大切さ」に気付き、行動に移せるよう働きかけをしている。　　　　　　　　　　［國枝・浅野、2009］

　睡眠・食事・排便等はどれも密接に関連しており、どれか一つが欠けても子どもの健やかな成長は望めない。これらの習慣が正しく身につき、健康的なリズムで繰り返されることは、子どもの健全な発達において大切なことであろう。

【演習課題】
1. 第3節の2を参考にして、新聞や本、ニュース等で、現代の子どもたちの生活習慣の実態について取り上げた記事を調べてみよう。そして、各自で調べた内容を持ち寄って、グループでディスカッションしてみよう。その中で、どのような特徴、問題点などが明らかになるだろうか？　また、現代の子どもたちに対して、親や保育者にはどのような対応が求められるのかを考えてみよう。
2. 第3節の3つの実践事例を読んで気づいたこと、考えたことをまとめてみよう。また、子どもに身につけさせたい生活習慣を挙げ、保育者としてどのような指導方法が考えられるか話し合ってみよう。

# 第4節　生活習慣形成への親・保育者の関わり

## 1. 生活習慣形成におけるしつけのあり方

　現代の子どもたちの生活習慣について考えるとき、親や保育者のしつ

けに対する意識・考え方が与える影響は見逃せないものである。

　子どもの自律はしつけを通じて育まれる。しつけとは、大人の希望や社会のルールなどを子どもに伝えることであるが、強制が強すぎたり、子どもの自尊心を傷つけたりするようなやり方は適切とは言えない。例えば、子どもを叱るという場面においては、怒ったり、どなったりするのではなく、タイミングを外さずに、簡潔で具体的な言葉で、子どもが分かるまで説明することが大切である。佐々木正美は、しつけに関して、排泄の場面を例に挙げながら、次のような言葉を述べている。

　あなたにここでうんちをしてほしいんだと、ここでおしっこをしてほしいんだということを、くり返し伝えることがしつけです。そして、とてもたいせつなことは、くり返しそのことを伝え教えながら、本当にあなたがここで上手にできるようになるのはいつか、楽しみに待っていてあげるからという気持ちですね。そして、その時期は自分で決めなさい、自分で決めればいいのですよといってあげることです。そういう態度で接してあげることです。

[佐々木、1998]

　しつけにおいては、しなければいけないことやしてはいけないことを、優しく、繰り返し伝えて、それができるようになる時期は子どもに任せるという姿勢で、ゆったりと見守っていくことが大切であろう。

　場合によっては、賞罰を用いることがあるかもしれないが、罰はある行動を制限したり禁止したりするだけにとどまる傾向があるのに対して、賞は意欲を高める作用が大きく、ある行動が認められたことでその後の行動の方向づけが得られるようになる。ちなみに賞と罰は、子どもと親、保育者とが信頼関係にあるときには有効に作用し、賞はさらなる意欲を、罰は自らの行動を修正していく力をもたらすと推測される。

　いずれにせよ、子ども自身が、ある行動をするのが良いことなのか悪いことなのかを主体的に判断して行動できるように支援することが重要

である。

## 2. 生活習慣形成における親・保育者の関わり

　保育所保育指針には、「生活に必要な基本的な習慣については、一人一人の状態に応じ、落ち着いた雰囲気の中で行うようにし、子どもが自分でしようとする気持ちを尊重すること」(第3章2(3)イ)という文言がある。

　子どもは身の回りのこと、特に身近な大人がやっていることを自分もやってみようとする意欲が高まる時期がある。その時期に本人なりの達成感や効力感が得られるような体験に導くことによって、生活習慣や技術を身につけることができる。これにより自分自身をコントロールする自律と身の回りのことを自分でする自立が進んでいく。

　親や保育者が日々根気よく子どもに接し、あくまでも子どものペースに合わせて繰り返し行うことでしか生活習慣は身につかない。生活習慣の指導に当たっては、厳しさよりも懇切丁寧な指導態度が望まれる。

　また、生活習慣に関することを子どもの問題としてだけでなく、子どもを取り巻く周囲の大人が自分の問題として認識することが大切である。大人が日々の生活に意識を向け、生活改善に取り組んでいくことは、そのまま子どものより良い生活習慣形成につながっていく。親や保育者には、子どもと共に日々の生活を振り返り、見直す姿勢が求められていると言える。

　また、現代の社会においては、生活は便利になり、子ども向け用品も充実していて、子育ての環境は昔と比較してずいぶん恵まれた状況にある。しかし、そのために親の意識や行動は変化し、本来子どもが持っている力を十分に発揮しにくい状況が生まれてはいないだろうか。親や保育者は、そうした点も念頭に置きながら、日々子どもに関わっていく必要があるだろう。

## 【演習課題】

1. 4歳のA子は、朝の着替えを嫌がることが多い。それは、園の制服に着替えるときに、ボタンかけが自分でうまくできないためである。あなたならA子にどのように関わっていくだろうか?
2. 幼稚園の4歳児クラスの担任保育者は、B美の母親から偏食についての相談を受けた。B美が嫌がるため、弁当に野菜を全く入れることができないのだという。あなたが担任ならば、B美や母親にどのように対応するだろうか?
3. 保育園の5歳児クラスのC男は、いつも朝からあくびをしており、担任保育者は気になっていた。あなたが担任ならば、C男やその保護者にどのように関わっていくだろうか?
4. 基本的生活習慣を形成するに当たって、「食事」、「排泄」、「睡眠」、「衣服の着脱」、「清潔」のそれぞれの領域で、親や保育者はどのような問題に直面することが予想されるだろうか? 具体的な場面を想定して、どのような対応が必要かを考えてみよう。また、自分自身が乳幼児期の頃、自分を養育してくれた両親や祖父母らには、どのような大変さがあったのだろうか? 話を聞いてみよう。

## 【参考文献】

岩城淳子「しつけに対する意識の変化と基本的生活習慣」『白鴎女子短大論集』30 (1)、2006年、pp.55-91

加藤敏子・岡本美智子・上野通子・藤島妙子・世取山紀子『6歳までのしつけと子どもの自立——イラストで学ぶ基本的な生活習慣』合同出版、2002年

國枝哲子・浅野美香「幼児期の望ましい基本的生活習慣の確立を目指して——睡眠・食事・排便を中核としながら」岐阜聖徳学園大学教育『実践科学研究センター紀要』(9)、2009年、pp.175-184

近喰ふじ子「特集　イマドキの基本的生活習慣──小児科医からみた子どもの体と心」『月刊生徒指導』2007年6月号、学事出版

佐々木正美『子どもへのまなざし』福音館書店、1998年

菅原ますみ・汐見稔幸監修『0〜6才のしつけ百科』（主婦の友新実用BOOKS）主婦の友社、2009年

藤崎眞知代・村田保太郎・野田幸江・中村美津子『保育のための発達心理学』新曜社、1998年

松田純子「幼児の生活をつくる──幼児期の『しつけ』と保育者の役割」『実践女子大学生活科学部紀要』第48号、2011年、pp.95-105

村越晃『子どもの生活習慣と生活体験の研究──教育臨床学入門』一藝社、2009年

谷田貝公昭「子どもの生活習慣はどう変化したか」『児童心理』金子書房、2008年8月号、pp.1045-1051

谷田貝公昭・高橋弥生『データでみる幼児の基本的生活習慣──基本的生活習慣の発達基準に関する研究』一藝社、2007年

# 第12章

# 主体性、自主性の形成

関水しのぶ

# 第1節 主体性と社会性の関わり

## 1. 主体性とは

　主体とは、考えたり、行動したり、判断したりといった活動をする主であり、英語でいう"I"のことである。また、主体性とは、主体的であること、またその性質や傾向のことである。子どもの主体性は、身体や運動、そして感情、認知、言葉といったさまざまなことが発達し、自分でできることが増えたり、物事の好き嫌いが表れたりする中で育っていくのである。この主体性の育ちは、個々の子どもの生まれつきの気質にも、しつけや教育や文化といった環境にも影響を受ける。

　主体性と似ている言葉には、自立性や自律性や自発性がある。まず、自立性とは、他の援助や支配を受けず、自分の力で身を立てることである。この「自立」という言葉は、自分で立って歩くこと（自立歩行）や、自分でお金を稼ぎ生活すること（経済的自立）に使われる。次に自律性とは、自分の行為をコントロールすること、また外部の制御から脱し、自分で立てた規範やルールに従って行動することである。最後に自発性とは、他者からの教示や影響を受けず、自分から思考や行動を起こすことである。いずれにしても、主体による思考や行動に関する性質である。

## 2. 主体性の二面性

　鯨岡峻（1943～）によると、「主体である」ことには二面性があり、「固有性としての主体」と「相互性としての主体」があるという［鯨岡・鯨岡、2004］。「固有性としての主体」とは、自分の身体は固有のものであり、他の子どもの身体とは別個のものであるという身体の固有性に基づく主体性の理解から成り立つものである。例えば、幼児が自分の思い

や感じたことを表現できることなどである。この主体性は、人間が常に自己充実を目指す欲求、つまり自己充実欲求を抱えていることから成り立つ。それに対し、「相互性としての主体」とは、他者とつながることに対する欲求を満たそうとする性質のことである。幼児が集団活動の経験を繰り返していく中で、みんなといっしょがいい、つまり身近な人といっしょにつながれている状態を求めることであり、「繋合希求性（けいごう）」という。

しかし、このような主体性の二面性は矛盾をはらむものである。つまり、子どもが固有性としての主体性を発揮することで、他者との間に対立や衝突が生じることはよくある。このような対立や衝突を経験しながら、自分とは異なる他者や集団とともに生きていくために必要な社会性を、子どもたちは身につけていく。ただし、基本的に幼児にとって、自分の気持ちを表現することやコントロールすることは難しい。そのことを保育者は理解し、見守り支えていく必要がある。

## 3. 社会性とは

社会性とは、人が他者や社会と適応的に関わるための一つの性質である。社会性といってもかなり幅広い概念であるので、内容を明確に定義することは難しいが、主な内容を挙げると次のようなものがある。①他者に対する適切な対応（対人行動）、②集団の中における協調的な行動（集団行動）、③集団の他のメンバーから好意や承認を受けたいという欲求（社会的要求）、④時代の情勢や風潮に関心を持つこと（社会的関心）などである［中島ほか、1999］。

幼児は、家族とは違う同年齢の子どもとの集団を、幼稚園や保育所で初めて体験する。そこで、幼児が固有性としての主体性を発揮することで、他の幼児との間でいざこざを体験していく。幼児どうしの集団の中でこのいざこざを切り抜けるためには、上記の①や②を身につけること、つまり、自分の感情をコントロールすることや、集団と歩調を合わせて

いくことを学ぶことが必要になる。また、③については、上述の「繋合希求性」と類似した欲求であり、相互性としての主体により満たされるものである。④については、身近な具体的な他者ではなく、見知らぬ他者や抽象的な「社会」という概念を考えるための思考の発達が必要なので、これができるようになるのは中学生ぐらいになってからである。

このように、主体性と社会性は互いに複雑に関わり合い、また共に形成されていくものと言える。

## 4. 幼児期の社会性の特徴

セルマン（L. R. Selman, 生年不詳～）は、「相手の気持ちを推測し、理解する能力」を役割取得能力として提唱している。この役割取得能力は、道徳的判断を行う前提になっていると考えられており、また、社会性の中でも適応的な対人行動や集団行動を行ううえで必要になる能力と言える。

セルマンは、この役割取得の発達段階を、幼児から青年期までを通してレベル0からレベル4までの5段階から成るとしている。レベル0がちょうど、幼児期のおよそ3歳から5歳に相当し、この頃の子どもは自分と他者の区別をするのが難しく、自己中心的な特徴を持つ（**図表1**）。

ただし、自己中心的といっても、私たちが日常生活で使うわがままな性格を意味するのではなく、他者の立場に立って物事を考えることが困難であること指す。例えば、だだをこねる幼児に対し「どうしてあなたは人の気持ちが分からないの！」と怒っても、未発達のため自分から他者の立場になって考えることは難しい。保育者は、幼児は自分では他者の気持ちを推測するのは困難であることを理解し、幼児のどのような行動をどのように感じているのかを伝えたうえで、どうしてほしいか、幼児の分かる言葉で説明することが望ましい。

## 第2節　主体性の形成過程

　子どもの主体性は、家族や身近な大人との関わりに支えられながら成長していくものである。エリクソン（E. H. Erikson, 1902～1994）の自我発達理論は、誕生から老年期まで8つの発達段階を設定しているが、本節では子どもの発達に焦点を当てるため、第1段階から第5段階までを、他の発達の過程と関連させながら主体性の発達を考えていく（**図表1**）。

### 1．乳児期

　誕生から18カ月ぐらいまでの第1段階の発達課題は、基本的信頼対不信である。この課題の達成は、養育者、主に母親との関わりを通して行われ、生きるうえで最も重要である。この頃の子どもは、自分では何もできないため、生きていくために養育者の世話が必要になる。子どもが泣くことで、養育者は何を求めているか考え、お乳を与えたり、おむつを替えたり、あやしたり、抱いたりと世話をする。このような養育者との継続的で温かな関わりを通して課題が達成される。その結果、これから人生の人との関わりを支える土台となる基本的信頼が獲得される。しかし、なんらかの理由でこの関わりを受けられない場合、不信感が残る。
　この乳児期に、基本的信頼感とともに養育者との間に愛着を築くことができれば、養育者を安心の基地にして、子どもを取り巻く外界への好奇心を満たす探索行動を積極的に行うことができる。つまり、基本的信頼感や愛着の形成は、子どもが安定した情緒をもって主体的な活動をするための土台とも言える。

### 2．幼児期前期

　およそ18カ月から2～3歳ぐらいの第2段階においては、自律性対恥・

**図表1　乳幼児期から思春期までのおおよその発達**

| | 目安の月年齢 | さまざまな発達 | エリクソンの心理社会的発達 | 役割取得能力の発達 |
|---|---|---|---|---|
| 乳児期 | 0カ月 | ・新生児反射 | 基本的信頼<br>対<br>不信感 | |
| | 3カ月 | ・首が据わる<br>・寝返りする | | |
| | 6カ月 | ・座る<br>・手を出して物をつかむ | | |
| | 9カ月 | ・支えなしで座る<br>・つかまり立ち | | |
| | 12カ月 | ・伝い歩きする<br>・スプーンで食べようとする | | |
| 幼児期前期 | 18カ月 | ・走り出す<br>・自分の口元を拭く<br>・自己意識の芽生え | 自律性<br>対<br>恥・疑惑 | |
| | 2歳 | ・一人でパンツをはく<br>・おしっこを知らせる<br>・第一次反抗期 | | |
| 幼児期後期 | 3歳 | ・一人で上手に食事をする<br>・パンツを脱ぎ、用を足す<br>・日常的な会話ができる | 自発性<br>対<br>罪悪感 | レベル0：<br>自己中心的<br>役割取得 |
| | 4歳 | ・ボタンかけ<br>・お風呂で自分の体を洗う<br>・片足で数歩跳ぶ | | |
| | 5歳 | ・名前が書ける<br>・ボールをつく<br>・自転車に乗る | | |
| 児童期 | 6歳 | ・平仮名を読み書きする<br>・縄跳び | 勤勉性<br>対<br>劣等感 | レベル1：<br>主観的<br>役割取得 |
| | 8歳 | ・靴ひもを結べる | | レベル2：<br>二人称相応的<br>役割取得 |
| | 10歳 | ・本を読んで想像する | | |
| 思春期 | 12歳～ | ・第二次性徴<br>・第二次反抗期 | 自我同一性確立<br>対<br>自我同一性拡散 | レベル3：<br>三人称的<br>役割取得 |

出典：[Erikson, 1980; Selman, 2003] を基に作成

疑惑が発達課題となる。この段階の子どもは、それまで養育者に全てめんどうをみてもらったが、身体や運動の機能の発達が進み、自分で上手に歩いたり、コップを手で持って飲み物を飲んだり、一人でパンツをはいたり、おしっこを知らせたり、自分でトイレの用を足したりできるよ

うになる。親のサポートを受けながらこの段階をうまく達成できれば、子どもは随意運動（自分の意識を伴った運動）をコントロールすることを学び、自律性を身につけることができる。うまく達成されれば、自信を感じることができるが、うまく達成できなければ、恥や自分に対する疑惑が残る。この頃の子どもが、食べ物、おもちゃ、服などについての自分の好みを主張することも、この段階の課題を達成するうえで重要な意味がある。また、自分でいろいろなことができるようになるので、壁に落書きをしたり、障子に穴を開けたりと、親にとってやっかいなことをすることが多く、親ともたびたび衝突する。

　衝突で、親が子どもの言いなりになってばかりだと、自分の欲求をコントロールできないわがままな子どもになってしまうが、反対に、親が力を行使して子どもに言うことを聞かせてしまえば、子どもの主体的な活動は乏しくなる。つまり、この時期の親と子どもとの押し競べは、どちらか一方に偏るべきでなく、適度な力関係であることが大切である。このやり取りを通して、子どもは自分の意志や考えに従って行動する感覚、つまり自律感を身につけることができる。

## 3. 幼児期後期

　3歳から5歳ぐらいの第3段階においては、自発性対罪悪感が発達課題となる。この段階の子どもは、前段階よりもさらに身体や運動の機能が発達し、また大人とほぼ同じような日常会話もできるようになる。ちょうど幼稚園に入園する年齢段階に相当し、遊びや他者との関わりを通しながら、自分のできることを試したり、自分から周りの環境に働きかけコントロールしたりする。特に、これらの活動の中では、体や想像力を使った遊びが重要な役割を果たす。

　この段階で養育者にとって大切なことは、子どもが適切な選択をするよう手助けをしてあげたり、また子どもがさまざまなことを探索することを励ましたりすることである。しかし、大人がこのような活動を否定

したり、やる気を削いでしまうと、子どもは心が萎縮したり過剰な罪の意識を感じてしまう。さらに、自由な遊びを抑制されてしまうと、子どもは自己主張をしようとすることをためらうようになる。

## 4. 児童期

　第4段階は、6歳から11歳のちょうど小学校入学から卒業までの期間に相当する。この段階の発達課題は、勤勉性対劣等感である。それまでの幼稚園や保育所における遊び中心の生活から、学校で知識や技能を学び、他の子どもと自分の比較を通して、自分は何ができて何ができないのかが明確になる。また、学校や社会との関わりを通して、自分の技能や能力についての自信が育っていく。

　子どもが発達課題を達成するうえで、親や教師から励ましてもらったり褒めてもらったりすることで、自分の能力を実感し、将来への自信を持つことができるようになる。しかし、親や教師から励ましてもらえず、また認めてもらえなかった子どもは、自分の何かを達成する力に疑いを持ち、将来への自信もなかなか持てない。

## 5. 思春期

　第5段階は、およそ12歳から18歳の年齢段階に相当し、発達段階は自我同一性の確立対自我同一性の拡散である。この時期は、第二次性徴も始まり、親から心理的に自立し、子どもから大人となる過渡期でもある。また、自分は何者か、何のために生きているのかということを意識し始め、自分は将来どのような仕事をして、どのように生きていくのかということを考える時期でもある。

　子どもの主体性の育ちを把握するには、以上のエリクソンの発達理論における第2段階の自律性や第3段階の自発性の達成に対応させて考えると分かりやすい。主体性や自主性の土台になるのは、乳児期に自分の世

話をしてかわいがってくれる養育者との間にできる基本的信頼であり、これがあるからこそ安心して次の段階の課題に挑戦できるのである。そして、幼児期前期の自律性、幼児期後期の自発性が獲得される。さらに、この幼児期の自律性や自発性は、小学校に入ってからの勤勉性、そして青年期の自我同一性の獲得につながっていくのである。

## 第3節　主体性形成における問題

　主体性が育つには、生まれつきといった子ども側にある問題と、養育者や保育者とどのように関わってきたかという環境の問題がある。以下では、この生得性と環境に関わる主体性形成の問題について述べる。

### 1．子ども側にある問題

　生まれつきの問題として発達障害のために主体性の形成に支障が生じることがある。発達障害は、中枢神経系の働きにおいて生まれつきあるいは成長過程になんらかの問題が生じたために起こる障害である。例えば、広汎性発達障害の一種であるアスペルガー症候群の人には、知的発達に遅れが見られないので学校での勉強に問題はないが、自発的になんらかの行動を起こすことや、作業の見通しを立てて実行することが苦手という特徴を示すことがある。具体的な指示があればできるが、なければ簡単な作業でさえ自発的に手をつけることができない。豊かな学力や知識がありながら、具体的な指示がないとできないといった能力のアンバランスは、周りの人からの理解を得にくくさせる。このような特徴を持っている場合、無理に本人の自発的な行動や発言を出させるよりは、本人が安心して作業ができるような環境を大人が整えたほうがいい。

　広汎性発達障害を持つ子どもは乳幼児期の頃から他者と視線を合わせ

ない、抱っこされることを嫌がる、自分から抱っこを求めることがない、また他者に関心を示さないといった、養育者を含めた他者との関わりに問題が見られることが多い。つまり、エリクソンの発達理論における最初の発達課題である基本的信頼の獲得や養育者との間の愛着の形成が難しくなるため、その後の自律性や自発性の課題達成も難しくなる。この障害は、その子どもの生まれつきの社会性の発達の困難さのためであり、また、親自身も子育てに困難を感じていること多い。つまり、親の育て方のせいであると責めるべきではなく、保育者は、子どもの生まれつきの他者との関わりの困難さと、親自身の子育ての困難さの両方を受け止める必要がある。

## 2. 問題を見逃しやすい聞き分けの良い子

　幼稚園や保育所には、対立も衝突も目立たず聞き分けの良い子に見える子どもが大人にとっては扱いやすいため、問題視されにくい。一般的に、自分の主張が強く、大人に反発したり他の子どもと衝突したりする子どもは問題視されることが多いが、反対に「主張できない」という子どもの問題は見落とされやすい。しかし、嫌なことを嫌と言えず、うまく自己主張ができないという意味で、主体性の問題を抱えると言える。その原因として、大人の管理が厳しいといったしつけの問題や子ども本人の発達上の問題、あるいはその両方があると考えられる。特に前者は、大人に認めてもらうためや怒られないようにするために、大人の顔色を気にしすぎて、自分の主張が難しくなることが原因として考えられる。

## 3. 保育者や親の関わりにおける問題

　保育者や親が先回りして、問題が起きないように何でもしてあげてしまえば、子どもが自ら何かをする機会を奪い、その主体性の育ちを妨げることになる。大人が子どもの主体性を育てていくには、子どもも主体的な存在であることを受け止め、過干渉にならない必要がある。

一方で、エリクソンの発達理論から考えれば、自律性や自発性といった主体性に関わる特性を獲得するには、それ以前に、大人から絶えず継続してめんどうをみてもらうことが必要である。つまり、大人との依存的な関わりが重要となるのである。子どもの主体性を育てることを考えると、大人に依存してはいけないように思えてしまうが、主体性の形成の過程には適度に依存することも必要なのである。

　大人に子どもが依存することで、安心して自分で何かをしようとする意欲が湧いてくる。また、子どもは完全には自立することは難しいが、大人にどこか手伝ってもらいながら、またときに失敗しながら、自分で何かができたという実感を体験することが大切である。それには、保育者は、個々の子どもをよく観察し、その発達段階を把握し、個々の子どもに合ったサポートをする必要がある。

## 4. 保育者自身にある問題

　幼稚園や保育所の運営方針によって時間や規則に厳しい場合は、子どもの主体性を受け止めたり見守ったりすることが難しく、保育者にとってはジレンマを感じることもあるだろう。

　保育者に、自分の担当のクラスで問題が起こり、何か失敗をしたらどうしよう、自分の立てた保育計画や指導計画どおりにうまくいかなかったらどうしよう、といった心配や恐れがある場合、保育者自身の心の余裕がなくなる。そのような状況では、保育者自身が子どもの行動を冷静に捉えることができなくなり、失敗を恐れて子どもを管理してしまいがちになる。その結果、子どもの主体的な活動を妨げてしまう恐れがある。

　それゆえ、保育者も人間であり、失敗することも不完全なところもあるということを受け止めることも必要である。保育者が自身の不完全さを受け止めることができなければ、子どもたちの失敗や衝突を余裕のある心で受け止めることもできない。保育者の心の余裕は、子どもの主体性の育ちを支えていくためには大切なのである。

【演習課題】
1. 子どもたちが主体的な活動をするうえで、保育者が気をつけるべきことについて考えよ。
2. 次の2つの事例のそれぞれの子どもの主体性の育ちの状態について、**図表1**を参考にしながらどんなことが問題であるか考えよう。また、保育者としてはどのような関わりをするといいだろうか。

〔事例1〕

A子は、5歳である。幼稚園のクラスの気に入った子どもの手を強くつかんだり、強く抱きついたりして、その子を泣かせてしまうことがよくあった。このような強引なA子に、他の子どもが近寄らなくなってしまった。また、A子は自分の思いどおりにならないとかんしゃくを起こすことがあり、母親もA子にどう接したらよいか悩んでいる。

〔事例2〕

B夫は、5歳である。クラスの他の子どもとケンカや衝突することもないので目立った問題は見られない。しかし、他の子どもといっしょに遊ぶことはなく、一人で幼稚園の遊具で遊んでいる姿がよく見られる。他の子どもといっしょの活動では、何をするのか分からないことが多く、保育者がそばについて指示する必要がある。母親は、B夫は自発的に何かをすることができないので、身の回りの世話をしているという。

【引用・参考文献】

鯨岡峻・鯨岡和子『よくわかる保育心理学』ミネルヴァ書房、2004年

中島義明・子安増生・繁桝算男・箱田裕司・安藤清志・坂野雄二・立花政夫編『心理学辞典』有斐閣、1999年

渡辺弥生編『VLFによる思いやり育成プログラム』図書文化社、2002年

E. H. Erikson, *Identity and the Life Cycle*, New York: Norton, 1980

R. L. Selman, *The Promotion of Social Awareness*, New York: Russell Sage Foundation, 2003

# 第13章

# 発達課題の達成をめぐる問題

皆川　順

# 第1節　発達課題とは何か

　「発達課題」という言葉は、発達心理学領域において極めてしばしば用いられている。一方、似た言葉で「発達段階」という用語もある。
　ここでは発達段階に関し、各段階における発達の様相ないしはそこで達成すべき課題を中心に取り上げることとする。なお、必ずしも課題・段階という言葉を用いなくても、発達のある段階において、なんらかの行動や情緒などを獲得しておかなければ後の生活などにおいて不利益を被るような時期についても極力触れていくこととする。その場合、比較的関連づけが分かりやすい例については、特定の理論家の説のみならず、総合的に考察を進めることとする。
　一般に、発達とは不可逆的な変化と考えられており、質的な変容を伴う点が成熟と区別される。一見、連続的に成長するように見えても、そこにはその年齢や段階において、身につけることが必要とされる行動や感情、感覚、能力などが求められる。そのため、人間は段階を追って発達するという考えは古くからあった。また、その「身につけるべきこと」については、社会の中で暗黙のうちに、いわば共通理解がなされてきた。以下に、主な発達課題・発達段階理論の概略を掲げておく。

(1) エリクソンの発達課題

　エリクソン（E. H. Erikson）は、人間の発達を段階別に区分し、それを8つの段階に分け、それぞれの段階における発達課題を挙げている（p.128参照）。エリクソン理論の特徴の一つは、各段階における発達課題の達成に失敗すると、不都合な状態に陥るとした点にある。

## (2) ハヴィガーストの発達課題

ハヴィガースト（R. J. Havighurst）は、乳児期から老年期までの6段階における課題を挙げている。青年期までの発達課題は**図表1**のとおりである。ハヴィガーストは、「達成すれば幸福になり、次の課題達成も容易になるが、失敗すれば不幸になり、次の課題達成も困難になる」と述べている。

### 図表1　ハヴィガーストの発達課題（幼児期～青年期）

（1）幼児期の発達課題
1. 歩行の学習
2. 固形の食物をとることの学習
3. 話すことの学習
4. 排泄の仕方を学ぶこと
5. 性の相違を知り、性に対する慎みを学ぶこと
6. 生理的安定を得ること
7. 社会や事物についての単純な概念を形成すること
8. 両親や兄弟姉妹や他人と情緒的に結びつくこと
9. 善悪を区別することの学習と良心を発達させること

（2）児童期の発達課題
1. 日常の遊びに必要な身体的技能の学習
2. 成長する生活体としての自己に対する健康な態度を養うこと
3. 友達と仲よくすること
4. 男子として、また女子としての社会的役割を学ぶこと
5. 読み・書き・計算の基礎的能力を発達させること
6. 日常生活に必要な概念を発達させること
7. 良心・道徳性・価値観を発達させること
8. 人格の独立性を達成すること
9. 社会の諸機関や諸集団に対する社会的態度を発達させること

（3）青年期の発達課題
1. 同年齢の男女との洗練された新しい交際を学ぶこと
2. 男性として、また女性としての社会的役割を学ぶこと
3. 自分の身体の構造を理解し、身体を有効に使うこと
4. 両親や他の成人から情緒的に独立すること
5. 経済的な独立について自信を持つこと
6. 職業を選択し準備すること
7. 結婚と家庭生活の準備をすること
8. 市民として必要な知識と態度を発達させること
9. 社会的に責任のある行動を求め、それを発達させること
10. 行動の指針としての価値や倫理の体系を学ぶこと

出典：［高野、1991］p.146を基に作成

**図表2　コールバーグの道徳性の発達段階説**

| 水準 | 段階 | 概要 |
|---|---|---|
| 前慣習的水準 | 1：罪と服従への志向 | 苦痛と罰を避けるために、大人の力に譲歩し規則に従う。 |
| | 2：道具主義的な相対主義志向 | 報酬を手に入れ、愛情の返報を受ける仕方で行動することによって、自己の欲求の満足を求める。 |
| 慣習的水準 | 3：対人的同調、「良い子」志向 | 他者を喜ばせ、他者を助けるために「良く」ふるまい、それによって承認を受ける。 |
| | 4：「法と秩序」志向 | 権威（親・教師・神）を尊重し、社会的秩序をそれ自身のために維持することにより、自己の義務を果たすことを求める。 |
| 後慣習的水準 | 5：社会契約的な法律志向 | 他者の権利について考える。共同体の一般的福祉、および法と多数者の意志により作られた標準に従う義務を考える。公平な観察者により尊重される仕方で行為する。 |
| | 6：普遍的な倫理的原理の志向 | 実際の法や社会の規則を考えるだけでなく、正義について自ら選んだ標準と、人間の尊厳性への尊重を考える。自己の両親から避難を受けないような仕方で行為する。 |

出典：［大野木ほか、2007］p.100を基に作成

### (3) コールバーグの道徳性発達段階理論

　全体を「前慣習的水準」「慣習的水準」「後慣習的水準」の3つの水準に区分し、各水準を2段階ずつ、計6段階に分けている（**図表2**）。

### (4) ピアジェの思考の発達段階

　ピアジェは思考の発達段階として次の4段階を提唱した。
　第1段階　感覚運動期（0～2歳）＝感覚と自分の体の運動を対応させながら外界を認識する段階。
　第2段階　前操作期（2～7歳）＝イメージや簡単な言葉によって外界を認識するが、論理的思考はまだ不可能である。
　第3段階　具体的操作期（7～12歳）＝具体的な事物を用いてのみ、論理的操作が可能になる。抽象的な思考にはまだ至らない。事物の保存の概念が獲得される。

第4段階　形式的操作期（12歳以降）＝抽象的な論理を用いて思考できるようになる。仮説の設定や、演繹的思考も可能になる。

## 第2節　発達課題の達成の条件

　各理論はそれぞれの主張する点においてかなりの違いはあるが、総じて、発達というものが、①段階的で質的変化であること、②順序性が明確であること、③ある段階に達するための条件として、それ以前の段階の課題を達成していること、などが共通していると考えられる。

### 1．初期経験と愛着の問題

　エリクソンなどは、初期段階をとりわけ重視している。これは今日の発達心理学において明らかになりつつある初期経験の重要性と関連がある。愛着形成の失敗ないし基本的信頼感の獲得失敗は、その後の適応に深刻な悪影響を及ぼすことについては、現代においては繰り返し述べられていることである。

　動物を用いた隔離飼育実験の結果は一様に、初期経験、特に接触経験を含む母親との関係が剥奪されると、生涯にわたって不適応や異常行動を示すことが明らかになっている。例えば、ハーローの実験ではアカゲザルが用いられたが、本物の母親から隔離されて育てられた猿の乳児はその後、仲間との関係がうまくいかず、異性に拒否され性行動もできず、個体によっては人間の鬱状態のようにうずくまったまま動かないような状態に陥った。そしてこのような状態から終生回復できなかった。

　このことは人間に関してもよく言われることである。すなわち、乳児期に母親の愛情を得られず、母親に拒否された子が、他人を信頼できず、他人におびえ、また他人からも受け入れられないということは、日常生

活では広く聞くことである。この意味で、エリクソンの主張には説得力がある。一般に、動物が生後の特定の時期に学習すべきことがあり、その時機を逃すとその学習が不可能ないし極めて困難になるような時期を「臨界期」と呼ぶが、当然のことながら愛着関係を通した基本的信頼感の形成にも臨界期ないし敏感期が存在していると考えるのは自然であろう。それゆえこの時期の発達課題達成の条件として、愛情あふれる母親の存在と、互いの接触を伴う深い関係が考えられる。

　しかし現実には、乳幼児虐待や育児放棄、あるいはそこまで行かなくても、乳児との深い情緒的接触を伴う関係を嫌がる母親の話は後を絶たない。ここにいくつかの問題がある。

　まず、子どもとの関係を嫌ったり、虐待したりすることがある場合、被虐待児の保護とともに、親とりわけ母親および周囲の環境に対する援助的介入が必要であることである。次に、母親の愛情を得られなかった子どもが、成長の過程において本当に他者を信じられず、また他者からも拒否されるのか、具体的な事実検証が必要であることである。さらに、そのような子どもが乳児期を過ぎても、基本的信頼感や愛着を得た他の子どもたちと同様な発達過程をたどるように援助することは全く不可能なのか、言い換えれば、エリクソンの述べる発達課題を「時期を過ぎてから」達成することは本当に不可能なのであろうか、ということである。

　乳児期の発達課題達成に関しては、母親の乳児に対する肯定的な働きかけが不可欠であるが、他方、乳児の側の要因としては、その働きかけに対する感受性に差があるのは否めない。つまり、生まれつきの気質に差があり、それが一方では母親の愛情の受け止め方に対する質的・量的な違いとなって現れ、他方、母親はわが子の気質とそれに基づく行動傾向に対する種々の感情（好悪、戸惑い、うれしさなど）が生じ、それがまた乳児に対する働きかけに影響し、結果的に愛着形成にも影響を与えることになる。

　気質が生まれつきのものであることを示す著名な研究例として、トー

マスとチェスによるニューヨーク縦断研究がある。それによると、気質の違いは生後2〜3カ月で明確に生じ、10年後でも6〜7割の子どもがほとんど変わらないという。これは主に、母親から見た場合、育てやすさに関する気質である。育てにくい子どもに対する母親の本音がしばしばメディアにも見られる。なかなか好きになれない、という報告が多い。

このように、愛着形成とは本来、母子相互作用であり、母親のあり方のみで一方的に決定されるものではない。しかしながら、愛着とそれに関連する基本的信頼感の形成が、乳児にとってその後の一生に強い影響を与えるようなものであるならば、乳児との愛着形成を阻害する要因は可能な限り克服する必要があろう。

愛着の効果は、それが形成されることによって乳児の安全基地となり、周囲に対する探索、仲間遊びなどが行われやすくなることである。しかし、母親との愛着のみで、周囲の人間との関わりを欠いている場合、社会性は育たず人間関係の能力は伸びない。サルを用いた実験によれば、この場合においても、ごく幼い時の友人関係がとりわけ重要であると考えられている。

それでは対人関係の能力が育たず、他者との関係がうまく持てない場合、治療法、つまり発達課題を達成する方法は皆無なのであろうか。この場合も、サルを用いた実験の結果は示唆的である。すなわち、「年下の者と遊ばせる」というものである。サルの場合は実際、それによって効果を上げた。人間の場合に全く同様になるのかどうか、またそういう場合でも臨界期は存在するのではないか、など多くの疑問はあるが、良くなる可能性のあることは積極的に試みる必要があるのではなかろうか。しかし現在のところ、対人関係の治療的処置として、年下の者と遊ばせるという方略はほとんど行われていない。これにはさまざまな事情があるだろうが、いずれにしても、発達初期の不幸な経験を克服するのは容易ではないがゆえに、一方においては社会における支援体制もよりいっそう発展させ、他方においては愛着経験がはく奪された場合の治療法に

ついても、よりいっそう研究を進める必要があるであろう。

## 2. 遊びの質的・量的変化とその影響

　今日しばしば指摘されているように、幼児期・児童期における仲間遊びは、数十年前と比較すると、質的にも量的にも変化している。

　いまや友人との遊びの機会は総じて大きく減り、ゲーム機等が飛躍的に発展し、それを通して遊ぶことが増えている。また外で集団で遊ぶにしても、土地そのものが減り、道路は交通事故の恐れが格段に増え、また犯罪などさまざまな危険が増えたこともあり、親の意識の変化も加わって、子どもが外で集団で遊ぶことは減少した。そのため、従来の児童心理領域でしばしば取り上げられた「ギャングエイジ」の概念は大きく様変わりしていると言える。

　このことは何をもたらすであろうか。友人と遊ぶことによって、人間は他人のさまざまな面を知り、また集団の中での暗黙の決まりや人間関係での配慮などを学ぶことができる。児童期の発達課題達成にとって、友人との遊びは不可欠である。

　しかし、今日そのような機会が減ったことは、例えば友達関係での度を越した陰湿ないじめや、程度をわきまえない攻撃、また個人としては対人関係での「間」の取り方が分からず、人間関係の持ち方に悩むなどの現象につながることは容易にうかがえる。そしてこのような傾向は幼児期・児童期のみならず、思春期・青年期以降にまで重大な影響を及ぼしているとみなすことができるであろう。すなわち、これらの時期になっても個人としてはますます対人関係がうまくいかず、神経症や鬱状態、引きこもりなどに発展したり、人間関係でのトラブルに悩む青年が後を絶たない。また性の解放に伴って、若くして結婚や同棲をする青年が増加しているが、わが子に対する接し方が分からなかったり、父親が変わったりすると乳幼児虐待・育児放棄などがさらに増える傾向があり、新たな社会的・個人的問題となっている。これは児童期から青年期に関

わる発達課題がうまく達成できないことにつながっている。

## 3. 弱い者いじめの増加とその対策

　元来わが国には「自分たちと異なるものを受け入れる」という習慣が比較的希薄であるが、最近、集団としていじめや排除をする傾向は、以前にも増して強くなっている。このような傾向は、わが国固有の文化と関連があり、過去においても同様なことが、特に共同体意識の強いところではしばしば生じてきた。村八分などもその典型であるが、その場合でも一定の約束と秩序はあった。しかし、今日ではそのような伝統的秩序意識が薄れてきたことも、度を越した排除の一因であろう。

　若者が集団として行動する場合でも、社会的弱者と言われる人たち、特にホームレスと言われる人たちは、一部の若者たちにとって格好の攻撃のターゲットになりやすい。いわゆる野宿者が主に狙われやすいが、この場合、彼らが「弱者をいたわる」という情緒と行動は学習不十分であると同時に、逆に「弱者を（多かれ少なかれ）いじめる、さげすむ」という行動と情緒とを学習したからこそ、そのような行動を行うと考えることは当然であろう。そのモデリングの対象は、社会においてたとえ明確には言わなくても、自らの発達過程で獲得した価値観を所持する大人であり、その価値観を多感な思春期・青年期の者が敏感に受け取り、その中で一部の者が種々の条件により直接的な攻撃行動に走ったと考えられる。それゆえ、真の問題は大人社会にあるという考えも否定できない。本来は、子どものモデルとなって発達課題達成を促進すべき立場の大人の行動が、現実にはそのようになっていないところに問題がある。

　今日においても、いじめ行動それ自体はもちろん、その被害によって被害者が自殺に追い込まれた場合であっても、いじめに対して明確に犯罪として厳罰に処する風潮は強くない。今日では、職場などで部下を強く叱ったり、異性との間でトラブルがあった場合、「悪者」とされた方は社会的地位や立場、収入などを失いかねない。これらの場合、被害者

とされる方が「死んだ」という例はほとんど耳にしない。多かれ少なかれ自己主張のできる立場にある者が、相手を訴える行動をとるという場合にのみ救われ、弱い立場にあり自己主張もできない状態の者は、自殺してもその親は泣き寝入り、という現象は極めて不公平であると言える。このような状況に対して、真に弱い立場の者を積極的に援助するような社会のシステム作りも急務であると言える。

# 第3節　知的発達の問題

　さまざまな発達理論の中で、ピアジェの理論は知的発達を扱っている点で特別に扱う意義があると考えられる。ピアジェは発達段階という言葉を用い、積極的に発達課題を提示してはいないが、それぞれの段階を飛び越えて先の段階に進むことは事実上不可能と考えられるから、各段階での認知的処理技能の習得は、事実上「課題」と言えるであろう。これらの中でとりわけ問題点が見られ、援助が困難なのは、形式的操作期への移行である。

## 1. 具体的操作期での児童の行動

　小学校時代は、数を数える場合であっても、まずは具体的な事物に即して学ぶ。例えば「最初リンゴが2個あり、次に3個持ってきました。合計何個になるでしょうか」というような課題においては、児童期の最初は具体的にリンゴあるいは模擬リンゴを用いて教えることが多い。この場合、児童は具体的なリンゴの数を数えることによって正解に至る。

　後に引き算が加わり、リンゴを抜いてしまうような活動になる。この場合も、最初は全体を数えるような行動をする児童が多い。やがて割り算や掛け算が導入され、問題も複雑になっていく。その中で、問題が解

決可能な子と困難な子とに別れてくる。小学生が数の問題をどのように解くか、という解き方のプロセスの理解は極めて重要な課題である。特に、解ける場合と解けない場合の双方においてどのような認知過程をたどるかについては、さまざまな研究が行われている。

算数に限らず個人差は著しいが、長期記憶の中の学習内容に関連する諸概念が学習内容に応じて体制化されていること、それらの概念群相互の関係や個々の概念が精緻化されていることなどが、検索が効果的に行われるための条件である。算数の場合においても、いわば記憶の量と質が、数の操作において効果的であるか否かに影響を与えると言えよう。

## 2. 形式的操作期における記号理解の困難さ

ピアジェによれば、日本では中学生以降はほぼ形式的操作が可能になるはずである。しかし、そこにはおのずと個人差があり、記号を用いて思考したりする抽象的な操作が苦手な生徒は多い。これらの問題に関しても多くの研究が行われているが、教育内容自体が学年の上昇とともに質的にも変化することに気づいていないことは、中学校での学習が困難な原因の一つであろうと考えられる。

具体的に中学生に数学を教えると、当初戸惑う生徒は多い。そのため生徒によっては「もっと分かりやすく教えてください」と教師に要求し、教師もそれに応えるべく、記号を具体例で教える場合がある。この方法は導入時の指導としては効果的ではあるが、遅かれ早かれ記号の意味を理解させ、しだいに具体的な事物から離れていくようにしないと、生徒はいつまでも記号を使った思考ができず、「具体的操作期」の思考段階にとどまってしまう。

発達課題の達成ということが、その発達段階で求められているなんらかの学習であると考えるならば、この場合は、生徒が発達課題を未達成な状態にある、と言ってもよいと考えられる。この領域においても、主に認知心理学的な研究が盛んであるが、大学生においても中学校段階で

の化学反応式や方程式が苦手な学生は少なくないことを考えると、問題解決過程に関する研究と、それによる効果的な学習支援の研究は、今後ますます重要な課題となるであろう。それはピアジェの「形式的操作期」の発達課題とみなせるからである。

【演習課題】
1. 発達課題はそれぞれの段階で達成するのが不可欠と考えられているが、例えば乳児が、親との愛着形成に失敗して「基本的信頼感の形成」がうまくいかなかったとする。もしその子が保育所に入所してきたとしたら、保育者としてはどういう点に注意して対応したらよいだろうか。いろいろな側面から考えてみよう。
2. 子どもには生まれつき気質の違いがあり、母親にとってはわが子であってもなかなか好きになれない場合があることが知られている。そういう場合、周囲にいる人たちはどのように援助すべきであろうか。具体的な方法を挙げてみよう。
3. 今日、陰湿ないじめが増えてきた背景の一つとして、集団での遊びの機会が減少してきたという指摘がある。程度が分からず相手の苦しみが実感できないとも言われている。集団遊びも含めて、陰湿な弱い者いじめに対して、どのように対応していくのが効果的だろうか。話し合ってみよう。

【引用・参考文献】
新井邦二郎編著『図でわかる発達心理学』福村出版、1997年
大野木裕明・宮沢秀次・二宮克己編『調査実験 自分でできる心理学』ナカニシヤ出版、2007年
川島一夫編著『図で読む心理学 発達〔改訂版〕』福村出版、2001年
皆川順・大橋恵『教育心理学』東京未来大学、2008年

# 第14章

# 発達の連続性をめぐる問題

百合草禎二

## 第1節　子どもの発達をめぐる今日的課題

### 1．個々の子どもの発達を踏まえた保育・教育の必要性

　今日、子どもの発達をめぐる課題として、「発達段階論から発達過程論へ」という子どもの発達と教育・保育との関係をめぐる議論がある。幼稚園教育要領においては、段階に応じるという意味での「何歳では」という表現は避けられてきている。確かに3歳児という段階にある子どもにどのような指導（教材づくり）が可能かと考えた場合、ピアジェ（J. Piajet）に代表される認識の発達段階論は参考になり、何ができ、何が難しいかの判断の基準になり得た。しかし実際的に考えると、3歳児集団の個々の子どもの発達状況はかなりばらつきがあり、一律に捉えきれるものではない。したがって、その平均的な意味で、何が可能かの判断に基づいて実践が行われるのが日常であった。ここには日本の伝統的教育体系としての「年齢主義的教育課程」（「履修主義」とも言われる）という考えが根幹にある。この考えに依拠すれば、個々の子どもの発達の実際ではなく、その年齢集団に基づく平均的な発達の姿である。

　しかし近年、このような一律的・平均点な見方に対して疑いが持たれてきた。それは、実質的な子どもの発達を見つめようという保育者の姿勢であり、つまり個々の子どもの発達の過程を踏まえての教育・保育の必要性が叫ばれてきた。「異年齢保育」とか「縦割り保育」などと称される実践、あるいは周知の「モンテッソーリ教育」には、この種の理解が背景にあると考えられる。ここには、個々の子どもの具体的な発達の到達点、発達課題を踏まえ、子どもの興味や関心に基づきながら教育・保育する観点が示されている。一般的には、教育学では「課程主義」とか「修得主義」と理解されている。

## 2.「小1プロブレム」の解消

　近年、「小1プロブレム」の解消、「学級崩壊」などの教育問題の解決に端を発し、保育所・幼稚園などの就学前教育機関から小学校への移行に伴う、いわゆる「段差」の解消をもくろんだ「保幼小連携」という形での取り組みが全国で行われるようになった。文部科学省はじめ、全国の市町村教育委員会の取り組みの姿勢は、市町村によって温度差が感じられるけれども、積極的であるように見える。

　「小1プロブレム」とは、現象としては「自席にじっと座っていられない」「教師の話を聞かずおしゃべりする」「隣の子にちょっかいを出す」「友達とうまく関われない」「我慢できない、自己中心的」「教室を飛び出す」などを指して言うが、1997年頃から、小学校1年生（同じく中学校1年生も。こちらは「中1ギャップ」という）が変わったと言われ始めた。

　**図表1**は、1997年から2011年までの間の「小1プロブレム」として掲載された新聞掲載件数である。ちなみに、「学級崩壊」の記事での検索結果では、1999年から2000年がピークで徐々に減ってきている。小1プロブレムの報告件数は、1999年に最初の報道があってから、今日まで

**図表1　「小1プロブレム」の新聞掲載記事件数**

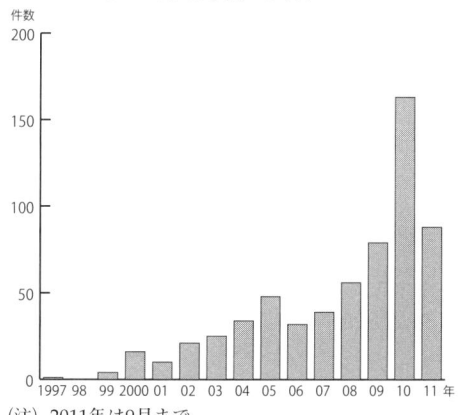

(注) 2011年は9月まで。

出典：[森、2011] を基に作成

徐々に増加する傾向にあり、問題はいまだ継続している観がある。連携の取り組みが意識されているわりには、その成果は上がっていないし、別のところに原因があるとも考えられる。

東京学芸大学では、「小1プロブレム」研究推進プロジェクトを組織して、詳細な全国的な研究に取り組んでいる［東京学芸大学、2010］。この研究によれば、「小1プロブレム」が問題とされたのは、新保真紀子が嚆矢とされている。新保は、ある教育研究協議会で「小1プロブレム」は、「学級崩壊」と異なり、「幼児期を十分生ききれてこなかった、幼児期を引きずっている子どもたちが引き起こす問題」と述べた［新保、2001］。また尾木直樹の発言は、注目に値する。彼は「小一における歴史的ともいえる"新しい問題"であり、これまでの日本の小学校が経験したことのない問題を含んでいる」［尾木、1999］と指摘し、幼児の発達保障の問題として位置づけている。

「小1プロブレム」の原因をめぐってはいろいろな意見がある。しつけの問題、幼稚園教育要領の改訂に伴う自由化の問題（自由保育の問題）、発達障害児の介在（特別支援教育との関係）、教師の教育力の問題などさまざまであるが、異口同音に言われているのが、今日の子どもにとって保育所・幼稚園と小学校の間にある「段差」の問題である。

ここで挙げられている「段差」とは何を指しているのか。ある小学校の報告（鶴丸小学校など）によれば、「段差」とは、以下のことである。

・「遊び」中心の生活から「学習」中心の生活へ
・生活時間の違い（校時表、過程の過ごし方）
・入学時の不安（友人関係、勉強等）
・家庭、保幼におけるしつけの違い（基本的生活習慣、社会性等）
・教師と保育士の子ども観・指導観の違い

確かに、1日を単位とした生活から、45分を単位とする生活へと変化することは、あるいは「遊び」中心の生活から「学習」中心の生活への転換などは、確実に大きな生態学的な変化である。したがって、現状で

はこのような「段差」を滑らかにするための接続・連携の必要性が叫ばれ、「保幼小連携」の実践の取り組みが奨励されているのである。

## 第2節　保幼小の連携・接続の必要性

### 1．保幼小の連携

　保幼小の連携についての認識は、かなり高い。しかし文部科学省の調査（2009年12月）によれば、幼小の教育課程の接続のための取り組みがどの程度行われているかの調査報告では、「取り組んでいる」と答えたのはわずか20％である。その理由として、「幼稚園と小学校の教育課程の接続関係が分からない」、「幼稚園教育と小学校教育の違いが十分理解されていない」などが挙げられている。幼小連携の実際の取り組みの内容は、主に情報交換（懇談会、交互訪問、実践参観など）と実践交流（合同行事、合同授業の実施など）や実践検討（内容、方法、子ども理解など）である。幼稚園・保育所と小学校との密な情報交換は、小学校入学に当たって必要な事項であり、また小学校の各学年と幼稚園・保育所の年長との交流を通しての相互の学び合いは、子どもの成長にとって必要なことである。これらの実践を通して、それぞれの教育・保育の違いや子どもたちの育ちの現状の認識が深まってきていることは確かである。

　最近の動向として、かなり踏み込んだ取り組みも見られてきている。それは、子どもが獲得すべき能力の明確化とか、教育課程の中にいかに組み込むかを意識したカリキュラム編成であり、また幼稚園と小学校との間での「接続期」の設定と「接続プログラム」の構築である。先の調査でも、幼稚園と小学校との間にまたがる時期を設定することが必要だとする意見は、難しさを意識しながらも94％もある。この種の取り組み

として、お茶の水女子大学（3段階の「接続期」の設定）や佐賀市教育委員会（幼保プログラム〈えがお〉から小プログラム〈わくわく〉へ）など多数ある。これらの取り組みの検討は、今後の課題である。

## 2. 保育所・幼稚園と小学校との「段差」解消

　一般的には、連携を高めることによって「段差」の解消が行われ、滑らかな接続が行われるようなり、「小1プロブレム」等の問題行動解決のための道筋ができると考えられている。しかしこの一連の流れを見てくると、意識する・しないにかかわらず、この種の議論によって目指されるはっきりとした方向性が見えてきている。もともと「幼小連携」が叫ばれたのは、せいぜい1998年くらいからではないだろうか。しかし意外にも、実際は、古く1971年の中央教育審議会答申にある。そこでは、「4、5歳児から小学校の低学年の児童までを同じ教育機関で一貫した教育を行うことによって、幼年期の教育効果を高めること」とある。「同じ教育機関で一貫した教育」を行うというのは「幼年学校構想」らしきものがすでに提言されていたと見ることができる。さらに重要な指摘は、その答申の中で、「現在の学校体系には人間の発達過程から見て、幼稚園と小学校の低学年、小学校高学年と中学校の間に、それぞれ児童・生徒の発達段階において近似したものが認められる」という指摘である。

　本来、各国にある校種間の区分は、基本的には子どもの実際の発達に基づいて行われ、子どもの発達に相応していると考えることができるが、ある面、この区分は恣意的な区分であり、子どもの発達に直接に対応していると言えるほどの根拠はない。それゆえ、世界の小学校の就学年齢や学校制度は多様であり（もちろんその範囲は狭い）、その国独自の判断に基づいて行われている。このように考えてくると、近年叫ばれてきている「接続期」という新たな枠組みの提案と「接続期プログラム」の提案の可能性が現実味を帯びてくる。

　ここでこのような取り組みの背景を分析すれば、「小1プロブレム」と

か「段差」の解消という課題は、議論の取っかかりにすぎず、実際は、保幼小の連携の具体的取り組みの進捗状況を見れば、確実に幼稚園の年長と小学校低学年との接続の路線に沿って行われていることが明らかである。このような考えに立てば、「小1プロブレム」や「中1ギャップ」の問題化も理解可能である。

　今、まさに学校制度（年齢主義的教育階梯）と子どもの発達の年齢区分との関係が問われていると言っても過言ではない。考えてみれば、戦後の学校制度の制度的疲労とも言えるが、よりはっきりと年齢区分の問題が見えてきたと捉えることができる。

## 第3節　さまざまな発達論の視点

### 1．レオンチェフの「主導的活動」

　以上のような認識を踏まえて、新たな取り組みの可能性を検討したい。「段差」要因の一つとして取りざたされているのは、保育所・幼稚園における「遊び」活動と小学校における「学習」活動の違いである。一般的に、幼稚園の教育課程は、総合的な「子どもの主体的な遊び」活動であり、小学校は教科的な「学習」活動であるということは誰もが知っている。保育所・幼稚園と小学校の教育内容の違いとして認識されているわけであるが、これらの活動が、いわゆる「主導的活動」であるという認識が十分されていないように見受けられる。

　「主導的活動」（leading activity）とはロシアの心理学者レオンチエフ（A. H. Leontév, 1905～1999）によって提案された概念である。この「主導的活動」というのは、決してその時期に多く観察されるという量的な指標ではなく、この活動を通してその時期の子どもの行動・意識が規定

され、全人格が形成されるという考え方である。

さて、「主導的活動」というのは、子どもの精神発達においてどのような役割を果たしているのだろうか。そのメルクマールとして、以下の3点が挙げられている［レオンチエフ、1967］。

(1) 他の新しい種類の活動がその形態で生じ、その内部で分化されるような活動、例えば、遊び活動の中から学習活動が分化される。
(2) 部分的な心理過程がその中で形成され、あるいは再編成されるような活動。遊びでは能動的な想像過程が、学習では抽象的な思考過程が形成される。
(3) 所与の発達段階で見られる子どもの人格の基本的な心理学的変化が最も直接的に左右されるような活動。

そのような「主導的活動」として、以下のものが想定されている。
・乳児期（誕生〜1年）＝情動的コミュニケーション
・幼児期（1〜3歳）＝対象を操作する活動
・就学前年齢（3〜6歳）＝遊び活動、場面・役割遊び
・学齢前期（6〜10歳）＝学習活動（思考の理論的形式を取得する活動）

レオンチエフは「主導的活動論」でもって、従来から主張されている発達論の欠陥を補おうとした。従来、さまざまな発達段階論が主張されているが、ある段階からある段階への移行がいかにして可能となるのか、そのメカニズムはいかなるものかという点が明らかにされていなかった。

## 2. ピアジェの「同化と調節」

発達論として著名なピアジェは、シェマと外界との矛盾関係を「同化と調節」による解決としての「動的均衡化」と見なした。少し分かりやすく説明すれば、ピアジェの考えでは、子どもが、外界へ働きかける行為（つかんだり、見たり、触ったりなどさらに高次化する）を「シェマ（図式＝可能な行動のレパートリー）」と見なし、このシェマを通して外界に働きかけるのであるが、そのとき、適応的な場合と不適応的な場合を考

えた。適応的な場合を「同化」と称し、外界の既存のシェマで操作することができるが、他方、既存のシェマでは対応できない事象に遭遇した場合、外界にシェマを合わせて調整していくことが必要となる。これを「調節」と称した。その考えに立てば、例えば遊びは、見立てることによって外界を自分の中に取り込むので「過剰同化」言い、逆に、模倣は外界の事象に合わせるので「過剰調節」と呼ばれる。ピアジェは、子どもの発達は「同化と調節」を繰り返しながら、静的でなく動的に「均衡化」していくと考えた。

そこでピアジェは、精神の発達段階（「発生的認識論」と称す）を以下の4段階に区分した。

・感覚運動期（誕生から2歳ぐらいまで）
・前操作段階（2歳から7歳まで）
・具体的操作期（7歳から11歳まで）
・形式的操作期（11、12歳以上）

この区分は、発達を「操作」の発展という観点から見ている。それは、「行為」の段階から始まり、「移行期」を経て、最後に「操作」の段階というように、大きく見て3段階と考えることができる。これらの段階の特徴として、ピアジェは次の5点を挙げている。

①各段階は変化の時期と安定の時期の交替がある。
②各段階は全ての子どもに共通の構造と機能を有する。
③段階の発達順序は一定であり、逆転したり、飛び越したりすることはない。
④新しい段階では、前段階の構造は消滅するのではなく、新しい概念体系を通じて再構成化される。
⑤新しい段階への移行は突発的でなく、漸次的である。

したがって、ピアジェの理論において、子どもの精神発達のある段階からある段階への移行のメカニズムは、「同化と調節による均衡化」のみが想定されるだけで、説明は不十分であった。

## 3. エリクソンの「自我の漸成的発達論」

　次に、自我の発達論としても著名なエリクソン（E. H. Erikson）の「自我の漸成的発達論」の体系を挙げることができる。エリクソンは、自我の発達をフロイト（S. Freud）の精神分析的動的発達論に依拠しながら、各発達期における「発達課題」を「社会的危機」として、「活力」などを想定しながら、乳児から老人までのライフサイクルに沿って記述している。彼は、発達期を8段階に分けて説明している（p.128参照）。簡単に説明すれば、人間の自我の発達は「漸成的」（エピジェネッティック：後成的）と形容していることから、先行の段階の発達課題が十分に獲得されなければ、後続の発達段階の移行がうまくいかないと考えている。

　それぞれの発達課題を対概念（弁証法的概念、つまりお互いがお互いを必要とする概念）として提起し、この関係（バランス）の比重が危機として記述されている。例えば、意外と誤解されているのであるが、乳児期の課題として挙げられている「基本的信頼対基本的不信」の関係は、「信頼」だけが課題だと言われがちであるが、「不信」なくして「信頼」は築かれず、逆に「信頼」なくして「不信」は存在しない。だから問題は、このバランスであり、エリクソンが「基本的信頼が基本的不信を上回るバランスをもった永続的なパターンをしっかりと確立すること」と述べたのは、このような理解である。

　エリクソンの「漸成的発達論」は、ちょっと前の時代（産業化社会）の社会に生きるライフスタイルを想定しているということは無視できないが、人間の一生（ライフサイクル）を射程に、それぞれの段階で獲得されるべき危機としての発達課題が措定され、学ばれなくてはならないものとして位置づけられたことは、一定の評価はできる。しかしこの理論（「自我の漸成的発達論」）においても、先行段階から後続の段階への移行がいかにして可能となるのかの説明は十分ではない。

## 第4節　主導的活動論と保幼小連携

　以上のことから、子どもの発達論を考えるうえで重要なことは、どのようにして段階移行が可能となるのかという点から考察すれば、ピアジェの理論もエリクソンの理論も、共に不十分であると言わざるを得ない。その点で、上記のレオンチエフの「主導的活動」の交代による段階移行という考えは、説得的であると考えられる。彼はこう述べている。「子どもの生活様式と、この生活様式をすでに追い越した彼の可能性との間に、明白な矛盾が生じる。これに応じて彼の活動は再編成される。これによって、彼の精神生活の新しい発達段階への移行は行われる」［レオンチエフ、1967］。この見解を踏まえたうえで、ここでさらに、主導的活動論と保幼小連携との関係を議論したい。

### 1.「遊び」活動と「学習」活動の間の移行期の設定

　一般的には、就学前での「遊び」活動が、就学とともに「学習」活動へと転換され、この「遊び」活動の中に「学びの芽」が育まれると考えられている。しかし「遊び」活動から「学習」活動へ直接的に転換するのではなく、その間に移行期を設定することが可能ではないだろうか。つまり「ひたすら遊ぶ」から「ひたすら学ぶ」という活動のサイクルの間に「遊びつつ学ぶ」という「移行期における主導的活動」（ハッカライネン：P. Hakkarainen）を新たに設定することが真実味を帯びてくる。つまり、移行期の主導的活動として「ナラティブ・ラーニング」（Narrative learning）概念を導入する可能性である。

　近年、心理学においてナラティブ概念が注目され始めている。ナラティブの特徴として、「全体的な時間系列性」「事実であるかどうかには無関心」「正当とされるものからの逸脱性を処理するユニークな方法」

(ブルーナー；J. S. Bruner）と考えられている。ハッカライネンによると、ナラティブ・ラーニングは「学習の心理的様式」、つまり文学やテキストとか本などではなく、心理的な過程であり、その特性として、「全体的（全体から細部へ）」で、「知識と情動の統一」を図るものであり、「結果を直接志向しない、（学校の学習のように）計画されておらず、（大人の学習のように）分析的でないような経験」に基礎づけられたものと定義している。

「移行期における主導的活動」という考えは、保幼小連携を考えるうえで参考になるのでないだろうか。「遊び」活動から一挙に「学習」活動へと移行するというよりも、移行に際して「遊びながら学ぶ」という活動も考えられよう。子どもの興味や関心に基づいてのみ行われる遊び活動から教師の指導の下で組織される学習活動へという過程に、子どもの興味や関心を引き出しながら、かつ教師のプログラムを展開するという過程とも読むことができるのである。

## 2. 連続性の尊重

以上、保育所・幼稚園と小学校との間にある「段差」の存在、そのことから生じる「小1プロブレム」と称される問題の解決のための保幼小連携の取り組みの必要性、具体的には「滑らかな接続」を進めるために、「接続期プログラム」を設定するという一連のサイクルは、一見合理的な対応のように見える。しかし子どもの発達という観点から、子どもの意識の発達を考えてみれば、小学校は子どもにとって何のためにあるのかを再度考えなくてはならない。筆者は、これら移行に伴う問題を以下のように考えている。

幼稚園・保育所から小学校への移行は、「環境移行」であると同時に、「生態間移行」でもある。新しい環境（ニッチ）への移行は、一般的には困難を伴うと考えられる。しかし「主導的活動論」や「年齢の構造と力動」の立場からすれば、この場合、困難を伴うと考えるより、既存の

生活諸条件とその中で育まれた新たな子どもの発達とが矛盾し、その発達に見合う新しい生活諸条件を求める結果の移行であると考えられる。つまり水を得た魚のように、新しい環境によっていきいきと生活できる状況が提供されると考えるべきである。そのように考えるならば、この「環境移行」は、困難どころか望むべきことであり、期待に胸膨らませる状況でないか？　かつては、小学校は勉強する所として、ワクワクし期待できた場であったし、中学校も新たな自分に出会える場として、不安とともに夢描くような空間でなかったか？

　近年になって、小学校や中学校が子どもにとって難しい生活や学びの環境となったとしたならば、その理由はどこにあるのであろうか？

　考えるに、就学前の子どもは、保育所・幼稚園の年長になり、自律性を獲得し（意志の発達、「行為の階層化」）、一つの目標に向かって他者といっしょに取り組もうという「協同性」の芽生えが育っているにもかかわらず、現実は、小学校に入学するといやおうなく最年少となることによって、何もできない「幼子」に引き戻され、それまで獲得してきたであろう力（発達の結果）は、小学校の高学年によって代替される。これでは、何のための保育所・幼稚園の保育・教育であったのか。子どもたちには、確実に小学校は学ぶ所であるという自覚がめざめてきているはずであるのに、そのことが踏まえられないで、またゼロから始められてしまうのである。これが現実であり、それゆえ、まさに問題なのである。

　本来、先行の段階の発達を踏まえたうえで、後続の学校の教育課程は始められるべきであると考える。発達の連続や接続の意味も、そこにあるであろう。

【演習課題】

1. 「小1プロブレム」という事象について、もう一度、どういう行動や事象を言うのかを調べて、整理してみよう。そしてあなたが子どもの頃に、そのような行動があったか、皆で話し合おう。

2．保幼小連携が叫ばれるようになった背景を考え、自分の住む地域の保育所・幼稚園・小学校の連携が実際に取り組まれているかを調べてみよう。保育実習の園を手がかりに調査を始め、報告し合おう。
3．3つの発達理論を紹介したが、それらの理論の最も主張したいであろう点について調べ、それらの違いを比較してみよう。
4．「発達段階論」と「発達過程論」の違いについて整理し、それぞれの主張のメリットとデメリットを考えてみよう。

【引用・参考文献】

尾木直樹『「学級崩壊」をどうみるか』NHKブックス、1999年

新保真紀子『「小1プロブレム」に挑戦する』明治図書、2001年

鶴丸小学校・鶴城寺保育園・東市来幼稚園「保幼小の段差を解消するにはどうしたらよいのだろう――共に学び合い、高め合う交流活動を通して」文部科学省指定「保幼小連携」研究、2006年

東京学芸大学（代表・大伴潔）「小1プロブレム研究推進プロジェクト報告書〔平成19〜21年度〕」2010年

P・ハッカライネン「ナラティブ・ラーニング」第4回立教教育研究国際セミナー公開シンポジウム「子どもの発達と遊び：フィンランドのまなざし」、2010年

森晴加「小1プロブレム現象の時代的変化と原因を巡って」（富士常葉大学平成23年度卒業論文）2012年

百合草禎二「保幼小連携の新たな試みの検討――主導的活動論からの新たな問題提起」日本発達心理学会第22回大会、2010年

百合草禎二「移行期における主導的活動の検討――保幼小連携の新たな枠組み」日本臨床教育学会第1回大会、2011年

A・H・レオンチエフ・松野豊（西牟田久男訳）『子どもの精神発達』（児童心理学草書）明治図書、1967年

# 第15章

# 保育上の問題と支援・援助

高橋　美枝

## 第1節　幼児期の特性と子どもに現れる問題

### 1. 身体による表現と行動による表現

　乳幼児期は、子どもが生涯にわたって自分らしく生きていくうえでの基礎を培う大切な時期である。保育実践においては、それぞれの子どもの個性、置かれた状況、心の状態をよく理解していくことが必要である。大人と違って、子どもの場合、言葉を用いて適切に表現することは難しいことが多い。その分、身体症状や行動として表現される。保育者は、子どもの示すこのようなサインをしっかり受け止めていきたい。

#### (1) 身体化

　子どもがなんらかの不安やストレスを抱えている場合、それが身体症状として現れることが多い。このことを、身体化という。食べ物を吐いたり下痢をしたり、頭痛や腹痛を訴えたり、原因がはっきりしない中で熱が出るといった症状の背景に、心理的な問題や葛藤が潜んでいることもある。身体症状の治療・改善を図るとともに、身体的な原因が不明である場合や、ストレス状況が見られるときには、心理的側面についてのフォローも合わせて考えていくことが必要である。

#### (2) 行動化

　子どもが園や家庭で、それまでには見られなかったような行動を起こすときに、不安やストレスが高まっている場合がある。このように、行動として表現することを行動化という。外遊びが好きな子どもが室内に居たがる、赤ちゃんに返ったように保育者へ甘え続ける、落ち着かずにあちこち動き回ったりむやみに物を壊したりする、他の子どもに対して

乱暴な態度をとる、奇声を上げるなど、気になる行動やこれまでなかったような行動が見られた場合には、その行動のみに対応するのではなく、その背後にある子どもの気持ちに十分注意していく必要がある。

## 2. 子どもに現れた問題への対応

### (1) 子どもに現れた問題の意味するもの

　家族全体を視野に入れ、個人の内面だけでなく、個人と個人の間の関係に注意を向けて援助していく家族カウンセリングでは、症状や問題を起こしている人をIP（Identified Patient；"患者とされた人"の意）と呼んでいる。家族がお互いにうまく関われていない場合や問題を抱えているときに、それが身体の症状や行動に現れて、表面上はIP個人が問題を抱えているように見えるのである。子どもの問題を見るときに、この考え方は参考になるところが大きい。保育者は、子どもが身体の症状や問題のある行動として表現しているSOSを読み取り、子どもだけでなく父母や祖父母など子どもを取り巻く人々に視野を広げて、何が起こっているのかを見ていくことが子ども理解の役に立つことも多い。

　またときには、園の中での子どもどうしや保育者との関係が相互にうまくかみ合っていないときに、そのクラスの中でそれを敏感に感じている子どもが、身体の症状や行動の問題を起こすということもある。保育者は、一人ひとりの子どもを丁寧に見ていくと同時に、個人間の関係の中で起こっていることにも注意を向けていくことが求められる。

### (2) 対応における注意点

　親や保育者が、子どもの身体症状や問題行動の背景にあるなんらかの問題に気づき状況を少しずつ変えていくことで、子どもに現れた症状が早い段階で解消することもある。一方、気づかれないまま内面化してしまい、思春期や青年期になって表面化することもあるので注意を要する。

　子ども一人ひとりに目を配りながら、子どもに関わる個人と個人の関

係にも注意を向けていくことは、たやすいことではない。担任保育者一人で抱えるのではなく、園の中の他の保育者と連携し、子ども理解について話し合える職場であることが、個々の保育者を支えていくことになる。そのことは、虐待など深刻な問題を抱える子どもを見過ごさずに適切な対応ができる保育の場を形成していくうえでも、重要な課題となる。

## 第2節　障害のある子どもの支援

### 1. 障害のある子どもの保育

　2003年3月に文部科学省の調査研究協力者会議により「今後の特別支援教育の在り方について（最終報告）」が発表され、同年4月から「特別支援教育推進体制モデル事業」が開始された。つまり、「特殊教育」から「特別支援教育」へと大きく政策が転換された。これを受けて、小・中学校においては発達障害や気になる子どもへの対応が課題となり、取り組みが行われている。「特別支援教育の理念」は、「支援を必要としている子」に対して、子どもの主体性を中心に置き、一人ひとりの生涯にわたって可能な援助を考えていくというものである。これらの子どもへの対応においては、早期に発見し、適切な療育を行うことが有効であると言われている。そこで、幼児期からの支援に関心が高まっている。

　保育所保育指針（第4章1(3)ウ）では、障害のある子どもの保育について、4つの留意点を挙げている。

　①一人一人の子どもの発達過程や障害の状態を把握し、適切な環境の下で、障害のある子どもが他の子どもとの生活を通して共に成長できるよう、指導計画の中に位置付けること。

②その子どもの発達の状況や日々の状態によっては、指導計画にとらわれず、柔軟に保育したり、職員の連携体制の中で個別の関わりが十分行えるようにすること。
③家庭との連携を密にし、保護者との相互理解を図りながら、適切に対応すること。
④専門機関との連携を図り、必要に応じて助言等を得ること。

　一般に、幼児期の子育ては保護者の不安が高い。特別な配慮を要する発達障害や気になる子どもを育てる保護者の場合は、その不安がいっそう高まる。家庭への支援が必要とされ、さらに、障害児や家族を取り巻く環境を調整していくことが求められている。これらの取り組みにおいて、保育所や幼稚園が大きな役割を担うことが期待されている。

## 2．発達障害の理解

　発達障害は、一般に発達の遅れやアンバランスな偏り・ゆがみがあることを指している。文部科学省と厚生労働省では、これまでの経緯から、知的障害を入れるかどうかで定義が異なっている。ここでは知的障害も含めて4つに分類する。重複して障害を持っている場合も多い（**図表1**）。
　発達障害を持つ子どもに関して、就学前に相談を行う場としては、保健所や子育て支援センター、発達障害者支援センターなどがある。また市町村によっては、臨床心理士などによる巡回相談が行われていることもある。民間でさまざまな支援を行っている機関もある。そうした機関とできる範囲で日々の情報交換を行い、保護者といっしょにそれぞれの場を活用して、工夫しながら関わっていくことが大切である。

### (1) 知的障害

　主として、知的発達の遅れを示す。幼児期には1歳6カ月健診や3歳児健診などで「言葉の遅れ」として気づかれ、支援の場へつながっていく

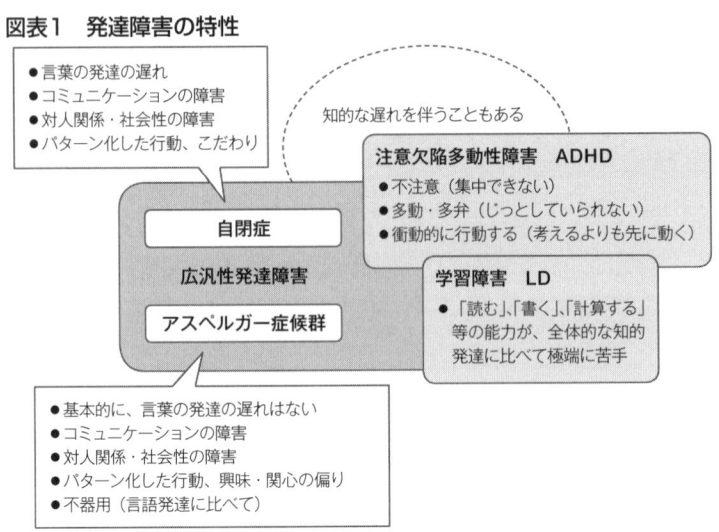

**図表1　発達障害の特性**

- 言葉の発達の遅れ
- コミュニケーションの障害
- 対人関係・社会性の障害
- パターン化した行動、こだわり

知的な遅れを伴うこともある

**自閉症**
**広汎性発達障害**
**アスペルガー症候群**

**注意欠陥多動性障害　ADHD**
- 不注意（集中できない）
- 多動・多弁（じっとしていられない）
- 衝動的に行動する（考えるよりも先に動く）

**学習障害　LD**
- 「読む」、「書く」、「計算する」等の能力が、全体的な知的発達に比べて極端に苦手

- 基本的に、言葉の発達の遅れはない
- コミュニケーションの障害
- 対人関係・社会性の障害
- パターン化した行動、興味・関心の偏り
- 不器用（言語発達に比べて）

出典：厚生労働省「発達障害の理解のために」2008年 (http://www.mhlw.go.jp/seisaku/dl/17b.pdf)を基に作成

場合が多い。しかし、軽度の知的障害児では言葉の遅れを顕著には示さないこともある。例えばみかん、りんごのように、現実にあるものは分かるのに、果物というような抽象語が分からないということが起こる。

このような子どもの保育の中では、「なぜ？」「どうして？」としつこく聞くことは避けたい。答えられない質問にさらされる中で、自信をなくしたり、泣き出してしまうといったことが起こる。「○○かな、□□かな」と二者択一にすると、質問に答えられるようになる場合もある。また、中には場面の変化に弱い子どももいる。絵や写真、文字などで予定をあらかじめ伝えておくとスムーズに行動できることがある。できるだけ早期段階から療育へつなげていくことが望ましい。

(2) ADHD

ADHDの子どもには、次のような特徴がある。

①多動性（落ち着きがない）

園庭をうろうろしたりするほかに、いすに座っていられない、じっと

待っていられないなどの行動を示す。

②注意の転導性（興味の対象がころころ変わる）

気が散りやすく、ちょっとした物音にも反応する傾向があり、落ち着いて一つの活動に取り組むことがなかなかできない。逆に、一つの遊びに夢中になると、周りが何度呼んでも気づかない子どももいる。いずれの場合も、バランスよく注意を働かせることが難しい。

③衝動性（突発的に行動する）

突然、砂を投げたり、友達にちょっかいを出すなど、しばしば強い衝動性が見られる。本人なりの理由があったとしても、周りからは衝動的な印象を持たれる。事故につながる場合もあるので注意が必要である。

④その他の特徴

感情のコントロールができない子どもも多く、ちょっとしたことで泣き出したり騒いだりする。しかしすぐにケロリとしてしまうところもADHDの特徴である。このような特徴から、周囲から注意されることが多く、自信をなくしていきやすい。保育者に褒められたり認められたりすることは、子どものやる気を育て自信を生み出す元になる。

保育環境を、するべきことに意識が向きやすいように整えることも大切である。具体的には、部屋の中を片づけておく、余計な物を出さない、指示を視覚的な手がかりを用いて分かりやすくするなどの工夫が有効である。さらに、「30分まで」「あと5回」のように、あらかじめ時間や回数を伝えることで、感情と行動をコントロールしやすくなることもある。

## (3) 広汎性発達障害

コミュニケーションや対人関係・社会性の障害である。一人ひとりその症状が違っていることが多いので、支援のためには相手への理解が不可欠である。どんな状況のときにどんな行動をとったかを客観的に観察することで、子どもが何を訴えているのかを理解していく。

このような子どもたちは、周りの状況が自分にとってどういう意味が

あるのかが分からなくて、混乱してしまうことが多い。また、相手の発言の意図を読み取ることが苦手で、集団で活動する場所では不安になりやすい。特に、変更が生じたり、予定していないことが突然起こるという場面は苦手で、不安になりやすい。指示をするときには、一度に1つだけ、短い言葉ではっきり言うと伝わりやすい。視覚的な手がかりを用いて、一日の流れやスケジュールを知らせることによって、子どもが安心して一日を過ごせるようになる。中には、昆虫・植物・宇宙、歴史などに強い興味や関心を持っている子どももいる。よく聞いてあげることで自信につながる。音・光・匂いなどに敏感で、苦痛や恐怖を抱く場合もある。事前に保護者から情報を得ておきたい。「なぜそのような行動をとるのか」と問いただしても、意味がないばかりか、恐怖感を抱いてしまう。その子どもの世界を理解しようと努めることが大切である。

アスペルガー症候群や高機能自閉症では、できることは多いものの、対人関係の細かいニュアンスの部分を感じ取ることができずに苦労している場合が多い。「こうするとOK」であることを一つ一つ具体的に教えていく関わりが基本となる。

自閉性障害を持つ子どもの中には、同じことを繰り返す子がいる。こだわりが、日常生活の支障になることもある。園での関わり方について、専門家の助言が必要な場合もある。

### (4) 学習障害

知的発達の遅れはさほど見られないにもかかわらず、読み・書き・計算といったなんらかの精神機能の遅れが見られる。小学校で学習を始めてから診断されることが多い。幼児期では、マークや字の意味が分かりにくい、絵が描けない、数を数えられないなどの問題として現れる。このような子どもには、得意なやり方は何かをつかんでおくことで、自信を持って学習を進めていけるような支援をしていくことが基本となる。

## 第3節　保育の場における援助

### 1. 子育て支援策

　出生児数の減少に伴う少子化の進行、核家族化や地域社会との関わりの希薄さ、育児体験の不足などから来る育児不安が社会的な問題となってきている。育児不安は、夫婦間での家事や育児の協力のほかに、祖父母による家事や育児の援助、近くに住む育児仲間、幼稚園や保育所の提供する子育て支援などさまざまな支援を受けることによって低減され、余裕を持って子どもと接することができるようになる。

　子育て支援においては、地域社会に存在し、豊かな経験を蓄積している幼稚園と保育所は、重要な役割を果たしていくことが期待されており、行政の側での位置づけが明らかになってきている。

### (1) 厚生労働省関連の子育て支援策

　子育て支援が社会的に語られるようになったのは、1994年の文部・厚生・労働・建設省（当時）の「今後の子育て支援のための施策の基本的方向について」（エンゼルプラン）のスタートからである。これを受けて、各地で児童育成計画（地方版エンゼルプラン）が策定された。1997年には児童福祉法の一部改正が成され、2000年には、保育所保育指針が改定された。その中で保育所における子育て支援が明確に位置づけられるようになった。同年12月には、少子化対策基本方針に基づき「重点的に推進すべき少子化対策の具体的実施計画について」（新エンゼルプラン）が示された。2001年には、児童福祉法の一部改正が行われ、保育士は、「専門的知識及び技術をもって、児童の保育及び児童の保護者に対する保育に関する指導を行うことを業とする者」であると規定された。これ

により、保育士は乳幼児の保育のみならず、在園児と未就園児の子どもの保護者の子育てを支援することが明確になったと言える。

(2) 文部科学省関連の子育て支援策

文部省（当時）は、1994年にエンゼルプランに名を連ね、併せて4月に「地域に開かれた幼稚園推進事業」について通知している。1997年11月には、「時代の変化に対応した今後の幼稚園教育の在り方」の最終報告がまとめられ、その中では預かり保育の推進や地域に開かれた幼稚園づくりが明記された。これらを通じて、幼稚園の運営を弾力化し、地域に開かれた幼稚園となることや、家庭や地域と連携し子育て支援や預かり保育を推進することが示された。また1998年改訂の幼稚園教育要領では、地域の幼児教育のセンターとしての役割を果たすよう努力することや預かり保育の実施のあり方が提示された。2001年2月には、「幼児教育の充実に向けて」（幼児教育の振興に関する調査研究協力者会合）が報告され、同年3月には幼児教育振興プログラムが策定された。その中で、「親と子の育ちの場」として幼稚園を位置づけている。さらに、2008年改訂の幼稚園教育要領では、子育て支援が明記されるに至った。

## 2. 保護者の支援

2010年の合計特殊出生率は1.39で、前年を0.02ポイント上回ったとはいえ、少子化の問題は深刻である。この対策として、保護者が就労しやすい環境を整えていくことは社会的な責任であるとの考え方から、就労支援のための施策が検討されてきた。

一方で、子育てを肩代わりする形での子育て支援は、長い意味で子どもの成長を長い意味で保障するものとはならないとの議論もある。子育て支援においては、育児不安や育児の困難をサポートしながら、親が親として自立し成長していくことを最大限援助していくことが必要である。

保護者の支援に当たっては、保護者との信頼関係の形成が基盤となる。

しかし、保育者は保育実践において子どもの思いを感じている。子どもの側に立つ保育者としては、保護者の受容に抵抗感を抱くことがある。ときには、保護者に対して複雑な感情を持つこともある。

受容するとは、保護者の不適切な行動等を受け入れることではない。不適切な行動の中にも、保護者の悩みや思いが隠されている。その保護者のありのままの姿を理解しようとする姿勢が、保護者を受容するということであろう。この姿勢に立った信頼関係の上に、保護者とともに問題を解決していく手がかりが生まれてくる。橋本真紀は「保育士は、保育の専門的知識や技術を有する専門職」であり、「保護者は、子どもの成長発達を保障する長期的、継続的な責任と、子どもの全体的な情報を有するその子どもの専門家」であると述べている［橋本、2011］。保育者は、子どもの育ちを支えるために保護者と心を合わせて協力する必要を認識し、その方法を模索し続ける役割を担っていると言える。子どもの成長は保護者の喜びであると同時に、その成長を共に支えてきた保育者の喜びでもある。喜びを共有していくことの意味は大きい。

保育者には、保護者が自己決定の権利を持っていることを認め、尊重する姿勢が求められる。保育者は、保護者が子どもと家族、保護者自身にとって必要な情報を得て判断するその過程を、共に歩んで支えていく。保護者が子どもの成長を保障していく責任を持った存在として目標を自ら見いだしていくプロセスは、保護者が自分自身の生き方を模索し決定していくプロセスでもある。保育者はそれを支えていく存在であり、決定は保護者自身が行うものであることを尊重していくことが大切である。

【演習課題】
次の事例1・事例2を読み、この章の各節で学んだことを参考に、考察していく。
〔事例1〕
A介（4歳5カ月、男児）は、会社勤めの母親と4月から2人で暮らしてい

る。父親は単身赴任で、月に2回週末に帰宅する。A介はそれを楽しみにしている。母方の祖父母は遠方で、父方の祖父はすでに他界。祖母は隣市に父親の兄の家族といっしょに生活している。

　A介は母親の育児休業明け0歳11カ月から保育所に通っている。活発で散歩や砂場遊びが好き。3歳から泥だんごを作り始め、自慢の作品を友達や保育者に見せ、褒められてはとてもうれしそうにしている。

　ある日、外遊びのあと部屋のロッカーを見ると、ほとんど着替えが入っていない。担任のM恵先生は、最近お迎えが遅れがちなことも気にかかった。連絡帳に「天気もよく外遊びが多いので、少し多めに着替えを用意してください」と書いておいた。

　翌週、砂場で遊ぶ子どもたちの中に、A介の姿が見られなかった。絵本を読んでいるが元気がない。M恵先生の「お外で遊ばないの？」に、「眠いし、おなか痛い」。熱を測ると平熱で、様子を見ることにした。

　お迎え時、母親に「お腹が痛い、眠いと元気がなかったが、熱はなく、様子を見て静かに過ごした」とM恵先生が話しかけた。母親は「夜なかなか寝ない。『早く寝なさい』って言うのに」と家での様子を話した。帰りに買い物をし、すぐに洗濯をしながら、食事の準備。帰宅後も母親は忙しい。食事の後、風呂に入れて、「もう早く寝てほしい」と思ってA介を布団に。職場に復帰して3年半。「いつまでも特別扱いで、職場の人に迷惑をかけていられない」と話す。帰宅時には残業の同僚に後ろめたく思い、仕事を持ち帰る。A介が寝た後パソコンに向かっている。「前は布団に入るとすぐに寝ついたのに、最近は『眠れるまで手をつないでいて』と離さない。布団の中でどうでもいいおしゃべりをして、なかなか寝ようとしない。つい『仕事があるの。もう、早く寝なさい』と手を引っ込め、ふすまを閉めてしまう。それでも、一人で歌っていて寝ない。今度は朝起こすのが大変」。

　M恵先生は、「お母さん一人でがんばっていて、本当に大変。A介ちゃんも子どもなりに我慢して、お母さんに協力しているのかもしれませんね」と母親をねぎらった。「一人で歌っているのが聞こえると、かわいそうかな

とは思うけど」と涙ぐむ。「お父さんの方のおばあちゃんに、手助けをお願いすることはできませんか？」と尋ねると、「それができるくらいだったら」と事情がある様子。「子どもに負担がかからないよう、気をつけます」ときっぱり言って帰った。

翌週になって、母親より「長時間保育利用申込書」が提出され、さらにお迎えの時間が遅くなるという。「だいじょうぶかなあ」とM恵先生は心配になった。

〔事例2〕
　C香（2歳6カ月）の両親はそろって23歳と若い。0歳8カ月の弟と4人家族である。弟は、昼間は近所で美容院をしている祖父母（母方）に預けているが、店のほうでも大変なので、入園を希望している。送り迎えも、夫婦交代でして、家事も協力し合って行っている様子である。

　C香は動作がゆっくりで、言葉も一語文までしか話さない。しかし、いつもニコニコと楽しそうにしている。園ではおままごとが好きな様子。D子、E美、F樹、G朗でのごっこ遊びが始まると、C香は決まって赤ちゃん役になり、みんながC香の世話を始める。C香は変わらずニコニコしている。

　1歳6カ月検診のあと、「おしゃべりがまだ始まらないことがちょっと気になるので、保健所や支援センターに一度連れて行って相談してみたら」と母親に勧めてみた。「うちはみんなゆっくりペースだから」とあまり気にしている様子はなく、「無口は父親譲りかも」と取り合ってもらえなかった。園では、ひとまず言葉かけを増やしたりと工夫してみることにした。そのまま、1年ほどが経過した。

　ある日、母親に「先生、C香、病院とか連れて行かなくていいかなあ？弟のほうは、ちっちゃいけど動きが活発だし、おしゃべりはまだだけど、なんかしゃべってるみたいに声を出したりするんだよね。C香の時と全然違うねってうちで話してたら、心配になってきちゃった」と相談された。

＜意見発表と質疑応答＞
　この2つの事例について、グループの中で、次の各課題についての

自分の考えをそれぞれ発表し合う。その中で、自分とは異なる考えの人がいたら、どのように考えたのかを質問してみよう。
1. 事例1のA介、事例2のC香は、それぞれ園の中でどんな問題を示しているか。その根拠となる事例内の部分はどこか。
2. その背景には、どのような問題があると思うか。その根拠となる事例内の部分はどこか。
3. 保育者としてこの事例に対応するときに、子どもの保護者に対してどのような気持ちを抱くと思うか。また、それはなぜか。

＜グループディスカッション＞
　意見発表、質疑応答を踏まえ、2つの事例について支援する際に、保育者として注意する点は何か、グループでディスカッションをする。

＜レポート課題＞
　事例1または事例2について、下記テーマに基づいて800字程度のレポートを作成する。
「保育者としてこの後、この事例についてどのような支援を行っていくべきだろうか。その際の注意点も述べなさい。」


【引用・参考文献】
　小田豊・秋田喜代美編『子ども理解と保育・教育相談』みらい、2008年
　柏木惠子編著『よくわかる家族心理学』ミネルヴァ書房、2010年
　柏木惠子『親と子の愛情と戦略』講談社、2011年
　西見奈子編著『子どもとかかわる人のためのカウンセリング入門』萌文書林、2010年
　橋本真紀「保育相談支援の基本」柏女霊峰・橋本真紀編著『保育相談支援』ミネルヴァ書房、2011年、pp.28-43

【監修者紹介】

林 邦雄（はやし・くにお）
　元静岡大学教育学部教授、元目白大学人文学部教授
　[**主な著書**]『図解子ども事典』（監修、一藝社、2004年）、『障がい児の育つこころ・育てるこころ』（一藝社、2006年）ほか多数

谷田貝 公昭（やたがい・まさあき）
　目白大学名誉教授
　[**主な著書**]『新・保育内容シリーズ［全6巻］』（監修、一藝社、2010年）、『子ども学講座［全5巻］』（監修、一藝社、2010年）ほか多数


【編著者紹介】

西方 毅（にしかた・つよし）［第1章］
　目白大学保健医療学部教授・同大学院看護学研究科教授
　[**主な著書**]「ケニア、子どもたちの日常生活と生活意識」（目白大学『目白大学人文学研究』4、2008年）、『保育用語辞典』（共編、一藝社、2006年）ほか多数

谷口 明子（たにぐち・あきこ）［第6章］
　山梨大学教育人間科学部教授
　[**主な著書**]『子どもの育ちを支える教育心理学入門』（編著、角川学芸出版、2007年）、『長期入院時の心理と教育的援助――院内学級のフィールドワーク』（東京大学出版会、2009年）ほか多数

【執筆者紹介】

(五十音順、[ ]内は担当章)

小原 倫子（おばら・ともこ）[第 2 章]
　岡崎女子大学子ども教育学部准教授

加藤 由美（かとう・ゆみ）[第 11 章]
　九州保健福祉大学社会福祉学部講師

佐藤 倫子（さとう・ともこ）[第 8 章]
　明治学院大学心理学部非常勤講師

関水 しのぶ（せきみず・しのぶ）[第 12 章]
　相模原市立青少年相談センター青少年教育カウンセラー

高岡 昌子（たかおか・まさこ）[第 9 章]
　奈良学園大学奈良文化女子短期大学部教授

高橋 美枝（たかはし・みえ）[第 15 章]
　埼玉東萌短期大学教授

永田 彰子（ながた・あきこ）[第 7 章]
　安田女子大学教育学部准教授

花咲 宣子（はなさき・のぶこ）[第 4 章]
　堺暁福祉会かなおか保育園園長

福田 真奈（ふくだ・まな）[第 5 章]
　白鷗大学教育学部准教授

藤原 善美（ふじわら・よしみ）[第 10 章]
　東京女学館大学国際教養学部講師

堀田 千絵（ほった・ちえ）［第 4 章］
　関西福祉科学大学健康福祉学部講師

皆川 順（みながわ・じゅん）［第 13 章］
　山陽学園短期大学教授

山本 有紀（やまもと・ゆうき）［第 3 章］
　洗足こども短期大学専任講師

百合草 禎二（ゆりくさ・ていじ）［第 14 章］
　常葉大学保育学部教授

保育者養成シリーズ
## 保育の心理学Ⅱ

2012年4月10日　初版第1刷発行
2015年3月30日　初版第2刷発行

監修者　林 邦雄・谷田貝 公昭
編著者　西方 毅・谷口 明子
発行者　菊池 公男

発行所　一藝社
〒160-0014　東京都新宿区内藤町1-6
Tel. 03-5312-8890　Fax. 03-5312-8895
E-mail : info@ichigeisha.co.jp
HP : http://www.ichigeisha.co.jp
振替　東京 00180-5-350802
印刷・製本　シナノ書籍印刷

©Kunio Hayashi, Masaaki Yatagai 2012 Printed in Japan
ISBN 978-4-86359-039-7 C3037
乱丁・落丁本はお取り替えいたします

**一藝社の本**

## 保育者養成シリーズ
林 邦雄・谷田貝公昭◆監修
《"幼児の心のわかる保育者を養成する"この課題に応える新シリーズ》

### 児童家庭福祉論　　髙玉和子◆編著
A5判　並製　224頁　定価（本体1,800円＋税）　ISBN 978-4-86359-020-5

### 保育者論　　大沢 裕・高橋弥生◆編著
A5判　並製　208頁　定価（本体2,200円＋税）　ISBN 978-4-86359-031-1

### 教育原理　　大沢 裕◆編著
A5判　並製　208頁　定価（本体2,200円＋税）　ISBN 978-4-86359-034-2

### 保育内容総論　　大沢 裕・高橋弥生◆編著
A5判　並製　200頁　定価（本体2,200円＋税）　ISBN 978-4-86359-037-3

### 保育の心理学Ⅰ　　谷口明子・西方 毅◆編著
A5判　並製　216頁　定価（本体2,200円＋税）　ISBN 978-4-86359-038-0

### 保育の心理学Ⅱ　　西方 毅・谷口明子◆編著
A5判　並製　208頁　定価（本体2,200円＋税）　ISBN 978-4-86359-039-7

### 相談援助　　髙玉和子・和田上貴昭◆編著
A5判　並製　208頁　定価（本体2,200円＋税）　ISBN 978-4-86359-035-9

### 保育相談支援　　髙玉和子・和田上貴昭◆編著
A5判　並製　200頁　定価（本体2,200円＋税）　ISBN 978-4-86359-036-6

ご注文は最寄りの書店または小社営業部まで。小社ホームページからもご注文いただけます。

**一藝社の本**

## 新・保育内容シリーズ［全6巻］
谷田貝公昭◆監修
《新しい「幼稚園教育要領」「保育所保育指針」に対応した新シリーズ》

### 1 健康
高橋弥生・嶋﨑博嗣◆編著

A5判　並製　248頁　定価（本体2,000円+税）　ISBN 978-4-86359-014-4

### 2 人間関係
塚本美知子・大沢 裕◆編著

A5判　並製　240頁　定価（本体2,000円+税）　ISBN 978-4-86359-015-1

### 3 環境
嶋﨑博嗣・小櫃智子・照屋建太◆編著

A5判　並製　232頁　定価（本体2,000円+税）　ISBN 978-4-86359-016-8

### 4 言葉
中野由美子・神戸洋子◆編著

A5判　並製　248頁　定価（本体2,000円+税）　ISBN 978-4-86359-017-5

### 5 音楽表現
三森桂子◆編著

A5判　並製　256頁　定価（本体2,000円+税）　ISBN 978-4-86359-018-2

### 6 造形表現
おかもとみわこ・大沢 裕◆編著

A5判　並製　232頁　定価（本体2,000円+税）　ISBN 978-4-86359-019-9

ご注文は最寄りの書店または小社営業部まで。小社ホームページからもご注文いただけます。

## 一藝社の本

## 子ども学講座 ［全5巻］
### 林 邦雄・谷田貝公昭◆監修

《今日最大のテーマの一つ「子育て」——
子どもを取り巻く現状や、あるべき姿についてやさしく論述》

### 1 子どもと生活
西方 毅・本間玖美子◆編著

A5判　並製　224頁　定価（本体1,800円＋税）　ISBN 978-4-86359-007-6

### 2 子どもと文化
村越 晃・今井田道子・小菅知三◆編著

A5判　並製　224頁　定価（本体1,800円＋税）　ISBN 978-4-86359-008-3

### 3 子どもと環境
前林清和・嶋﨑博嗣◆編著

A5判　並製　216頁　定価（本体1,800円＋税）　ISBN 978-4-86359-009-0

### 4 子どもと福祉
髙玉和子・高橋弥生◆編著

A5判　並製　224頁　定価（本体1,800円＋税）　ISBN 978-4-86359-010-6

### 5 子どもと教育
中野由美子・大沢 裕◆編著

A5判　並製　224頁　定価（本体1,800円＋税）　ISBN 978-4-86359-011-3

ご注文は最寄りの書店または小社営業部まで。小社ホームページからもご注文いただけます。